LIDERANÇA OPERACIONAL
DE ALTO IMPACTO

HELI GONÇALVES MOREIRA
Estrategista empresarial

HELI GONÇALVES MOREIRA JÚNIOR
Especialista em relações trabalhistas e sindicais e palestrante

LIDERANÇA OPERACIONAL DE ALTO IMPACTO

COMO OBTER UM AMBIENTE DE TRABALHO MAIS SAUDÁVEL, HARMÔNICO E PRODUTIVO

ALTA BOOKS
GRUPO EDITORIAL
Rio de Janeiro, 2023

Liderança Operacional de Alto Impacto

Copyright © 2023 da Starlin Alta Editora e Consultoria Eireli.
ISBN: 978-85-508-2088-0

Impresso no Brasil — 1ª Edição, 2023 — Edição revisada conforme o Acordo Ortográfico da Língua Portuguesa de 2009.

Todos os direitos estão reservados e protegidos por Lei. Nenhuma parte deste livro, sem autorização prévia por escrito da editora, poderá ser reproduzida ou transmitida. A violação dos Direitos Autorais é crime estabelecido na Lei nº 9.610/98 e com punição de acordo com o artigo 184 do Código Penal.

A editora não se responsabiliza pelo conteúdo da obra, formulada exclusivamente pelo(s) autor(es).

Marcas Registradas: Todos os termos mencionados e reconhecidos como Marca Registrada e/ou Comercial são de responsabilidade de seus proprietários. A editora informa não estar associada a nenhum produto e/ou fornecedor apresentado no livro.

Erratas e arquivos de apoio: No site da editora relatamos, com a devida correção, qualquer erro encontrado em nossos livros, bem como disponibilizamos arquivos de apoio se aplicáveis à obra em questão.

Acesse o site www.altabooks.com.br e procure pelo título do livro desejado para ter acesso às erratas, aos arquivos de apoio e/ou a outros conteúdos aplicáveis à obra.

Suporte Técnico: A obra é comercializada na forma em que está, sem direito a suporte técnico ou orientação pessoal/exclusiva ao leitor.

A editora não se responsabiliza pela manutenção, atualização e idioma dos sites referidos pelos autores nesta obra.

Dados Internacionais de Catalogação na Publicação (CIP) de acordo com ISBD

M838l   Moreira, Heli Gonçalves
           Liderança Operacional de Alto Impacto: como obter um ambiente de trabalho mais saudável, harmônico e produtivo / Heli Gonçalves Moreira, Heli Gonçalves Moreira Júnior. - Rio de Janeiro : Alta Books, 2023.
           304 p. ; 15,7cm x 23cm.

           Inclui índice.
           ISBN: 978-85-508-2088-0

           1. Administração. 2. Liderança. 3. Ambiente de trabalho. I. Moreira Júnior, Heli Gonçalves. II. Título.

2023-496   CDD 658.4092
                                                  CDU 65.012.41

Elaborado por Vagner Rodolfo da Silva - CRB-8/9410

Índice para catálogo sistemático:
1. Administração: Liderança 658.4092
2. Administração: Liderança 65.012.41

Produção Editorial
Grupo Editorial Alta Books

Diretor Editorial
Anderson Vieira
anderson.vieira@altabooks.com.br

Editor
José Ruggeri
j.ruggeri@altabooks.com.br

Gerência Comercial
Claudio Lima
claudio@altabooks.com.br

Gerência Marketing
Andréa Guatiello
andrea@altabooks.com.br

Coordenação Comercial
Thiago Biaggi

Coordenação de Eventos
Viviane Paiva
comercial@altabooks.com.br

Coordenação ADM/Finc.
Solange Souza

Coordenação Logística
Waldir Rodrigues

Gestão de Pessoas
Jairo Araújo

Direitos Autorais
Raquel Porto
rights@altabooks.com.br

Assistente da Obra
Ana Clara Tambasco
Erick Brandão

Produtores Editoriais
Illysabelle Trajano
Maria de Lourdes Borges
Paulo Gomes
Thales Silva
Thiê Alves

Equipe Comercial
Adenir Gomes
Ana Claudia Lima
Andrea Riccelli
Daiana Costa
Everson Sete
Kaique Luiz
Luana Santos
Maira Conceição
Nathasha Sales
Pablo Frazão

Equipe Editorial
Andreza Moraes
Beatriz de Assis
Beatriz Frohe
Betânia Santos
Brenda Rodrigues

Caroline David
Elton Manhães
Gabriela Paiva
Gabriela Nataly
Henrique Waldez
Isabella Gibara
Karolayne Alves
Kelry Oliveira
Lorrahn Candido
Luana Maura
Marcelli Ferreira
Mariana Portugal
Marlon Souza
Matheus Mello
Milena Soares
Patricia Silvestre
Viviane Corrêa
Yasmin Sayonara

Marketing Editorial
Amanda Mucci
Ana Paula Ferreira
Beatriz Martins
Ellen Nascimento
Livia Carvalho
Guilherme Nunes
Thiago Brito

Atuaram na edição desta obra:

Revisão Gramatical
Hellen Suzuki
Leandro Menegaz

Diagramação
Rita Motta

Capa
Rita Motta

Editora afiliada à: ASSOCIADO

ALTA BOOKS
GRUPO EDITORIAL

Rua Viúva Cláudio, 291 — Bairro Industrial do Jacaré
CEP: 20.970-031 — Rio de Janeiro (RJ)
Tels.: (21) 3278-8069 / 3278-8419
www.altabooks.com.br — altabooks@altabooks.com.br
Ouvidoria: ouvidoria@altabooks.com.br

DEDICATÓRIA

DE HELI GONÇALVES MOREIRA:

À minha esposa Lucy; aos meus filhos Heli Júnior, Ricardo e Rodrigo; às minhas netas e neto Carol, Yoná e Enzo; e aos meus amigos, colegas e clientes, que me acompanham nesta jornada profissional há muitas décadas.

DE HELI GONÇALVES MOREIRA JÚNIOR:

À minha esposa Katherin; à minha filha Caroline; e aos amigos e clientes que sempre me apoiaram e me incentivaram ao longo de toda a minha carreira profissional.

AGRADECIMENTOS

DE HELI GONÇALVES MOREIRA:

Agradeço aos meus saudosos pais, Lulu e Rosinha, pelo exemplo de dignidade, respeito, coragem e perseverança — conceitos básicos norteadores deste livro — e que acompanham minha trajetória pessoal e profissional.

Minha gratidão à minha esposa e aos meus filhos pelo apoio e incentivo durante o período que dediquei a esta obra, especialmente nos momentos mais difíceis.

Um agradecimento especial ao meu filho e sócio Heli Júnior, que me estimulou a registrar o conhecimento e a experiência adquiridos no campo das relações no trabalho, como um legado aos profissionais da área e aos milhares de líderes de equipes que tivemos a oportunidade de capacitar para essa nobre função, e ao que ele certamente dará continuidade.

Aos meus colegas de consultoria com os quais tive a oportunidade de conviver e aprender ao longo das últimas três décadas, meu muito obrigado.

Estou muito agradecido e lisonjeado pelas manifestações e elogios dos meus amigos, clientes e parceiros Adelmo da Silva Emerenciano, André Coelho Teixeira, José Carlos Cappuccelli, Paulo Oliveira Motta Junior, Júlio Fontana Neto e Everson Craveiro em relação a esta obra.

Agradeço ao Sebastião Xavier de Lima, responsável pelas ilustrações deste livro e que me acompanha há mais de 36 anos na área de consultoria.

Agradeço ao meu amigo Eduardo Villela pela assessoria profissional exemplar, pela paciência e incentivo, ajudando-me a superar os contratempos do noviciado como autor.

Finalmente, agradeço à equipe da editora Alta Books por investir neste projeto.

DE HELI GONÇALVES MOREIRA JÚNIOR:

Agradeço ao meu saudoso pai e sócio Heli, pelo profissionalismo e dedicação ao trabalho, que sempre foi a minha fonte de inspiração e exemplo de vida pessoal e profissional; e à minha mãe Lucy, que sempre me inspirou a superar os desafios.

Minha gratidão à minha esposa e à minha filha, pelo incentivo na minha carreira e nos meses dedicados à realização desta obra.

Meus agradecimentos aos funcionários, consultores, parceiros e clientes, que até hoje agregam conhecimentos e valores na minha jornada profissional.

Agradeço também ao profissionalismo de Eduardo Villela, pela concretização desta obra.

Por fim, muito obrigado à editora Alta Books por acreditar em nosso livro.

SUMÁRIO

Apresentação ... 1

Prefácio ... 5

Introdução ... 11

PARTE I
GESTÃO INTERNA DO AMBIENTE DE TRABALHO

1. O que você precisa desenvolver para se tornar um líder operacional melhor, com foco em resultados ... 21

2. Os principais desafios de gestão de equipes que impactam negativamente o ambiente de trabalho ... 45

3. A força do líder para fazer acontecer o engajamento dos colaboradores nos objetivos e metas setoriais ... 73

4. É possível os líderes estabelecerem um vínculo de respeito e confiança com os membros de sua equipe? ... 99

5. A comunicação estruturada a serviço das boas relações no ambiente de trabalho — Técnicas e práticas ... 133

PARTE II
GESTÃO EXTERNA DO AMBIENTE DE TRABALHO

6. O movimento sindical brasileiro e os impactos pós-reforma trabalhista   169

7. A relação das lideranças sindicais com os trabalhadores, seus representados   187

8. O líder operacional como apoiador dos processos de negociação coletiva   215

9. Estratégias inteligentes para lidar com mobilizações sindicais e greves — gestão de conflitos   243

Conclusão   279

Índice   287

APRESENTAÇÃO

Selecionar as pessoas certas, delegar e monitorar os resultados são as três condições essenciais para o sucesso de qualquer empresa, independentemente do seu tamanho, origem do capital ou segmento de mercado. Isso é um consenso universal, e a experiência demonstra a eficácia da aplicação dessas medidas. Nenhum empreendimento prospera se tais tarefas não forem bem desempenhadas.

Além do capital e da tecnologia, sobreleva o fator humano como a ponta do tripé de sustentação da prosperidade empresarial que apresenta os maiores desafios.

E é sobre esse tema que Heli Moreira e Heli Júnior se debruçam nesta cuidadosa e oportuna obra, fruto de décadas de experiência prática, obtida por meio do que mais gostam de fazer: trabalhar com pessoas e desenvolver líderes. O campo de testes e o aperfeiçoamento não poderiam ter sido melhores, já que seu aprendizado e o desenvolvimento técnico do modelo que criaram se deram dentro das maiores e mais conhecidas companhias brasileiras e grandes multinacionais. E essas empresas, por anos, conduziram seus planos de melhoria, desenvolveram lideranças, executaram as mais desafiadoras mudanças ou enfrentaram grandes conflitos e greves; tudo isso sob a orientação e o apoio firme, seguro e efetivo desses grandes e brilhantes profissionais com quem trabalhei como parceiro e advogado no suporte técnico legal, para mitigação de riscos e para assegurar a efetividade jurídica das soluções propostas.

Liderança Operacional de Alto Impacto foi o feliz título escolhido desta obra, que não encontra paralelo na literatura de negócios no Brasil. Conhecendo amiúde os autores, posso compreender de pronto a razão de sua escolha, pois, como eles mesmos sempre destacaram, é no cotidiano do ambiente de trabalho que tudo de bom e ruim acontece. Além disso, é onde a liderança tem um papel determinante para permitir que capital e trabalho se harmonizem e permitam a evolução dos atores envolvidos e o atingimento dos resultados esperados.

E é por demais acertada a decisão de se debruçar sobre a formação de lideranças operacionais, visto que este é tema curiosamente ausente nas preocupações da maior parte dos gestores. Tal ausência está na conta do modismo brasileiro que, para parecer moderno e contemporâneo, se debruça mais sobre o vago tema das questões estratégicas e dos inúmeros modelos e abordagens que esse debate suscita. Assim, a importância da execução, da implementação, do bem fazer, do cumprimento das diretrizes e rotinas, que verdadeiramente é o que produz o resultado que sustenta a atividade operacional, é deixada de lado.

É na operação bem executada, no time coeso, alinhado e bem treinado que está a chave da redução dos custos, da qualidade, da pontualidade e da prosperidade do negócio. Certamente, por conta desse papel, não se descuidaram os autores de apontar o líder operacional como aquele que deve inspirar, influenciar e conduzir os liderados para o cumprimento dos objetivos da empresa. Além disso, devem ainda apontar os meios e modos pelos quais executar o decisivo papel de líder, seja por meio de uma comunicação eficaz e participativa e pela atenção à qualidade das relações no ambiente de trabalho, seja pela gestão das expectativas dos envolvidos, de forma a sempre fortalecer o respeito e a saúde das relações.

De tudo, merece também um destaque especial que, nesta obra, não há só a exposição de conceitos vagos e frases bem elaboradas como costuma acontecer, mas, ao contrário, os autores apresentam fundamentalmente um precioso método para que ocorra uma comunicação estruturada e que permita uma avaliação contínua dos efeitos sobre os destinatários da mensagem. Além disso, apontam a imediata correção de rumos ou, até mesmo, a pronta intervenção para evitar que pequenos problemas não cuidados no início se transformem em questões enormes e de difícil e custosa solução.

É de Heli a lição que ouvi e cujos ótimos resultados pude evidenciar: se alguém fala no ouvido esquerdo do empregado, é do líder a obrigação de falar no ouvido direito. Isso para evitar que uma informação prevaleça sobre a outra ou que as ideias sejam formadas somente com uma versão dos fatos. Esse descuido é, com frequência, o ponto de ignição de grandes problemas na organização.

Não descuidaram os autores, também, de tratar da relação dos líderes com as lideranças sindicais dos trabalhadores que por eles são representados, principalmente no processo de negociação das condições de trabalho no cotidiano e nos processos de negociação coletiva. Trabalhando em conjunto com os autores e sua equipe, testemunhei o grande avanço e os frutos que os gestores colhem ao seguir o modelo e as estratégias estruturadas recomendadas por eles nos momentos críticos de mobilizações sindicais, paralisações e greves que colocam à prova a habilidade e a capacidade da empresa de restaurar a harmonia dentro da empresa.

Esse também é um ponto alto da presente obra, pois mais do que simples regras e surradas técnicas de gabinete para solução de conflitos, os autores apresentam orientações e um roteiro que permite não só o gerenciamento da crise, mas também que sequelas não remanesçam nem se perpetuem, criando um falso e aparente ambiente de calmaria.

É, portanto, esta obra não só uma grande contribuição na literatura de negócios, mas, acima de tudo, o fruto de uma trajetória ímpar e vitoriosa de experimentados executivos, líderes e consultores. Eles que, com a generosidade imanente de seus grandes corações, nos presenteiam, nos fazem melhores. Nesta obra eles ampliam o seu legado de transformação que já impactou muitas vidas e trajetórias profissionais.

Tenho certeza de que o leitor, ao final, verá que a simples apresentação desta importante obra não é um ato de amizade, mas um autêntico testemunho que me sinto particularmente honrado de produzir.

Boa leitura a todos.

Adelmo da Silva Emerenciano

— Sócio fundador da Emerenciano, Baggio & Associados — Advogados, um dos 10 maiores escritórios de advocacia do país; professor de direito e conferencista, com atuação no Brasil, na América Latina, na Europa e na África há mais de 25 anos; pesquisador e PhD em direito público, contribuindo com estudos e elaboração de diversas leis de elevado interesse social.

PREFÁCIO

A obra *Liderança Operacional de Alto Impacto* escrita pelo mestre Heli Moreira e por Heli Júnior preenche uma lacuna na área de relações trabalhistas. Eu acredito que a principal ação de relações trabalhistas em uma empresa é o trabalho desenvolvido por sua liderança. É a liderança que pode, de forma preventiva, resolver os conflitos antes de eles alcançarem outros atores, como os sindicatos e a Justiça do Trabalho.

Este livro, de forma simples e direta, é um guia prático voltado para os primeiros níveis de liderança. Nele, estão conceitos e práticas implementadas com sucesso em diversas empresas ao longo de algumas décadas. Eu faço parte de uma legião de brasileiros que contou com a preciosa ajuda dos autores no desenvolvimento das relações trabalhistas.

Um ponto muito importante nesta obra é que, quanto mais discutimos sobre o futuro, mais constatamos a importância da ação da liderança nas organizações.

Quando o Heli me enviou os originais do livro, pensei que os leria em uma semana. Mas logo percebi que a obra era muito mais rica do que eu pensava. Li com calma, analisando cada colocação. E aprendi mais ainda.

Ninguém no Brasil fala com mais propriedade sobre o papel da liderança em relações trabalhistas do que os autores.

Na primeira parte do livro, temos uma aula sobre a importância de um bom ambiente de trabalho, que hoje é tratado em vários livros como *employee experience*. Como os autores falam, este é um patrimônio das empresas, e deve ser tratado com muito carinho. Com maestria, eles nos mostram como melhorar o ambiente de trabalho nas empresas. Um ponto que chama a atenção são os exemplos apresentados, alguns retratando experiências vividas pelos próprios autores.

A maioria dos conflitos trabalhistas nasce dentro das organizações, mas, infelizmente, muitas empresas não os tratam, seja por não darem importância, seja por desconhecimento. O tratamento desses conflitos, normais em qualquer empresa, pela liderança evita diversos tipos de problemas.

Um ponto de vital importância para o sucesso do trabalho da liderança é a construção da relação de confiança entre os líderes e as equipes. Transcrevo uma frase que está no livro, que para mim é de vital importância: *uma importante atribuição do líder operacional consiste em negociar individualmente, com cada colaborador, um contrato interpessoal de trabalho.*

Esse *contrato interpessoal de trabalho* tem que ter coerência e não mudar a cada dia. Uma relação saudável entre o líder e a equipe é fundamental, mas nem sempre é tratada de forma aberta pelas empresas.

Há uma frase interessante dita em muitas empresas: *somos contratados pelo CNPJ e deixamos as empresas pelo CPF.* Ou seja, quando optamos por trabalhar numa empresa, consideramos a imagem desta empresa no mercado. Já quando deixamos a empresa, consideramos a nossa relação com os líderes.

Também gostei muito da parte em que os autores abordam a questão da comunicação, que é um dos pilares para o sucesso do nosso trabalho. Mas a comunicação em duas vias. Há poucos dias escutei de um jornalista sindical: "Algumas empresas estão desenvolvendo novos meios de comunicação para falar com os empregados e nenhum para ouvi-los."

As novas gerações que estão chegando às empresas querem ser ouvidas. Este é um problema ao qual alguns sindicatos também não estão dando a devida atenção.

A necessidade da comunicação em duas vias, da empresa para os empregados e dos empregados para a empresa, é uma necessidade atual e faz parte dos ensinamentos dos autores há algumas décadas. A liderança tem que executar este papel de ouvir o que os empregados querem dizer.

Já na segunda parte, os autores nos mostram o ambiente externo ao do trabalho, mas que interfere profundamente no clima organizacional. O ambiente das relações sindicais envolve negociações, sindicatos e o enfrentamento de grandes conflitos.

Eu acredito que a falta do entendimento desse ambiente por parte da nossa liderança faz com que os conflitos internos aumentem. A experiência me mostra que alguns líderes veem o sindicato como um inimigo, e não como um legítimo representante dos empregados. Nós reduzimos muito os conflitos quando todos entendemos o papel dos líderes da empresa e o papel dos líderes sindicais. Baseado em alguns anos de experiência, digo que a maior parte da nossa liderança é carente dessas informações.

Por outro lado, temos também que considerar que temos um modelo sindical ultrapassado no Brasil, um em que a liberdade sindical não existe. A unicidade sindical prevista na nossa legislação impede que o trabalhador escolha o sindicato que o representa. Isso contraria as convenções da OIT e impede o desenvolvimento sindical brasileiro, alimentando um "peleguismo" que destrói a imagem da representação dos trabalhadores. Embora sejamos quase uma exceção no mundo, pouco se discute sobre isso na nossa sociedade.

Os nossos líderes têm que conhecer essa realidade, e este livro dá uma visão geral, e ao mesmo tempo resumida.

Outro ponto que gostaria de destacar é que aprendi errando. Hoje, sei que alguns sindicatos tidos como poderosos conquistaram esse poder algumas vezes em cima de deficiências das lideranças nas empresas. Sou professor de relações trabalhistas, e uma pergunta que me fazem com frequência é: "Como lidar com sindicatos poderosos?" Fico feliz quando os alunos descobrem ao final do curso que a resposta é "fazendo o nosso trabalho". Este livro mostra o que é "fazer o nosso trabalho". Esta obra também fala sobre o poder sindical.

Antes de finalizar, gostaria de deixar claro que acredito muito na importância dos sindicatos. No pós-Revolução Industrial, o capitalismo se desenvolveu mais onde os sindicatos foram mais atuantes. Sindicato e empresa são as duas faces da mesma moeda chamada de capitalismo. O desenvolvimento de um fortalece o desenvolvimento do outro.

Estou certo de que a presente obra contribuirá na formação de profissionais de recursos humanos, líderes de empresas e líderes sindicais.

Durante alguns anos acreditei que a relação entre os sindicatos e as empresas tinha como objetivo a paz social. Hoje acredito que, além da paz social, podemos contribuir para o desenvolvimento das organizações e a justa recompensa pelo trabalho prestado.

Meus parabéns ao mestre Heli Moreira e ao Heli Júnior, e a todos os profissionais da HGM Consultores, por esta obra e, principalmente, pelo trabalho que fazem junto às empresas.

ANDRÉ COELHO TEIXEIRA
— Head de relações trabalhistas do Grupo Vale; professor, idealizador e coordenador técnico do curso de pós-graduação em gestão das relações de trabalho da Fundação Dom Cabral; fundador e coordenador do GRTB — Grupo de Relações Trabalhistas Brasil, com mais de 500 profissionais.

INTRODUÇÃO

Comecei a trabalhar de forma regular no ano de 1953, quando completei nove anos de idade, no armazém do meu avô, que se localizava na zona norte da cidade de São Paulo, juntamente com meu pai e com meu irmão mais velho.

Meu serviço consistia em limpar, arrumar e entregar mercadorias nas casas dos clientes — o atual *delivery*.

As entregas dos produtos eram feitas às segundas, quartas e sextas-feiras, utilizando uma carroça. Minha tarefa era conduzir a carroça, puxada por uma égua que atendia pelo nome Boneca, que eu tinha que manter alimentada e limpa. O meu irmão, já com 12 anos, era responsável por carregar e descarregar as mercadorias e, vez por outra, ele tinha que sair em disparada, fugindo de algum cachorro bravo, tal como acontece ainda hoje com alguns carteiros.

Na época eu cursava o terceiro ano primário no período da manhã. Ao retornar da escola, almoçava e pegava no serviço até o fechamento do armazém, por volta das 18 horas. Eu não tinha noção do significado do trabalho, mas sabia que precisava trabalhar para ajudar a família e hoje tenho a certeza de que, com isso, aprendi a assumir minhas responsabilidades, independentemente das circunstâncias.

Desde então, nunca mais parei, e continuo trabalhando regularmente até os dias atuais.

Aos 14 anos de idade, consegui meu primeiro emprego formal, com carteira de trabalho assinada, como office boy de um banco cooperativo. No meu segundo emprego formal, com 16 anos de idade, numa loja de departamento, fui promovido e me tornei responsável pelo pequeno escritório, onde liderava o trabalho de outros três funcionários. Assim, precocemente, iniciei minha carreira de líder operacional, liderando pessoas e processos, que percorri por 26 anos até me tornar um prestador de serviços como consultor.

Passei por poucos empregos e, sempre mantendo os estudos, consegui cursar o científico. Posteriormente fiz um curso técnico em química e, na sequência, o curso superior também em química. Nesse período, trabalhava numa empresa siderúrgica, sendo responsável pela área de segurança do trabalho, a qual foi incorporada à área de recursos humanos. O gerente, enxergando em mim algum potencial, me convenceu a mudar minha trajetória profissional, passando a desempenhar atividades próprias daquela área.

Aos 42 anos de idade, em plena ascensão profissional, decidi abdicar de um excelente emprego como gerente de recursos humanos de uma grande empresa multinacional para me tornar consultor e, dessa forma, poder contribuir para a criação de ambientes de trabalho saudáveis, harmônicos e produtivos, com foco no desenvolvimento de lideranças operacionais. Ao longo dos últimos 35 anos, atuando como consultor empresarial, tive a oportunidade de acumular diferentes, valiosas e inusitadas experiências, aprendendo, convivendo e compartilhando-as com milhares de profissionais no campo das relações no trabalho. Esse contínuo aprendizado me fez adquirir a certeza de que o ambiente de trabalho é um dos bens mais preciosos de uma organização, um verdadeiro patrimônio técnico e cultural e, como tal, requer ser zelado de forma permanente.

Mais recentemente, incentivado por alguns amigos e clientes e, especialmente, pelo meu filho, sócio e coautor Heli Júnior, decidi documentar o que aprendemos e desenvolvemos atuando nesse complexo e conturbado, mas maravilhoso, mundo do trabalho. Encaramos a tarefa de escrever este livro como uma missão, qual seja, compartilhar os conhecimentos e as experiências que nos moldaram como líderes e como consultores com aquelas pessoas que já atuam nessa função e com as que estão iniciando essa riquíssima e nobre trajetória profissional.

Para este livro, não foi muito difícil decidir pelos temas liderança operacional excelente e desenvolvimento de líderes operacionais.

A liderança operacional representa o elo entre o capital e o trabalho, entre o lucro e o social. É uma relação de múltiplos interesses, em constante evolução, envolvendo temas muitas vezes aparentemente divergentes e conflitantes, como: a produção, a produtividade, a competitividade, os custos, a rentabilidade, a seguridade social, a saúde e a segurança, a qualidade de vida. Tudo isso impactado diretamente pela evolução da ciência e da tecnologia e, no caso brasileiro, pela detalhista e ambígua legislação e fiscalização do trabalho.

Diante da relevância do tema, e atendendo aos meus estímulos e daquelas pessoas com as quais convivemos no passado — e ainda no presente —, preparamos esta obra, que se destina aos profissionais envolvidos com o cotidiano do ambiente de trabalho, local onde tudo de bom e de ruim acontece.

Portanto, convidamos você, líder ou gestor operacional, profissional das mais diversas áreas, tais como de recursos humanos, de relações trabalhistas e sindicais, da segurança e medicina do trabalho e jurídica, qualquer que seja o porte de sua empresa e o ramo de atividade — privado ou público, comércio, indústria, serviços —, a me acompanhar para juntos percorrermos o maravilhoso mundo do trabalho, ao longo de nove capítulos distintos e complementares.

Para facilitar a compreensão e assimilação, o livro apresenta inúmeros *cases* reais, exercícios e ferramentas inéditas de gestão de pessoas e do ambiente de trabalho.

O Capítulo 1 aborda os principais atributos que o líder operacional deve desenvolver para inspirar, influenciar e conduzir seus liderados para alcançar os resultados planejados e, assim, construir e manter um ambiente saudável, harmônico e produtivo. Tendo a comunicação como a principal ferramenta de gestão, é requerido do líder operacional desenvolver habilidades para saber: ouvir, informar, dar e receber feedback, mobilizar, definir e utilizar os estilos unilateral ou bilateral de comunicação e manter o protagonismo nas relações no trabalho. No capítulo também é apresentado o modelo de Liderança Eficaz Participativa. É por meio dele que o líder operacional consegue aplicar, na prática, os comportamentos assertivos de assumir, decidir e comunicar — fundamentais para obter o respeito e a confiança dos seus liderados.

O Capítulo 2 trata do grande desafio do líder operacional de ser o inspirador de sua equipe diante das inúmeras condições adversas do cotidiano, próprias de qualquer ambiente de trabalho. Para tanto, sua atenção deve estar voltada para perceber e enfrentar as diferentes situações que impactam negativamente o ambiente de trabalho, sabendo que as escolhas de seus liderados estão diretamente relacionadas às suas motivações. Este capítulo tem o propósito de despertar um novo olhar do líder operacional sobre o ambiente de trabalho, fornecendo informações e ferramentas para lidar com temas como: análise e solução de problemas, conflitos individuais e coletivos, aspectos disciplinares, uso do bom senso, demissão de pessoas com dignidade e respeito, assédio moral.

Partindo do princípio de que engajar pessoas com valores, objetivos e metas não é tarefa simples, e manter o engajamento diante de um cenário em permanente mudança é ainda mais complexo, o Capítulo 3 visa mostrar ao líder operacional um caminho seguro para essa importante tarefa sob sua responsabilidade. A sua força decorrerá das habilidades de conhecer e entender os desejos e as expectativas individuais de cada liderado, e de entender e saber lidar com os comportamentos típicos de sua equipe — similares a qualquer grupo social: os que estão a favor, os que estão contra e, especialmente, os indecisos.

O Capítulo 4 mostra que não somente é possível estabelecer um vínculo de respeito e confiança com a equipe, mas também que esse vínculo é um dos principais fatores de sucesso de um líder operacional. O capítulo apresenta, de forma prática, a utilização de diferentes ferramentas de gestão para obter o máximo com o feedback individual e coletivo. Além disso, mostra como atender queixas e reclamações próprias do ambiente de trabalho.

A comunicação é tratada no Capítulo 5. Ela é a melhor forma de o líder expressar sua liderança, sendo capaz de inspirar e engajar os liderados com os valores e metas da empresa. Tudo isso por meio de um processo estruturado e prático, capaz de promover o entendimento e a assimilação das informações e mensagens relevantes, incentivando os colaboradores a agirem de acordo.

O Capítulo 6 permitirá a você, leitor, conhecer um pouco da história do movimento sindical brasileiro e os diferentes posicionamentos das lideranças sindicais depois da reforma da legislação trabalhista de novembro de 2017, bem como as suas fontes de poder e os impactos sobre a atuação do líder operacional. Os sindicatos representativos dos trabalhadores representam um dos principais *stakeholders* das empresas, e suas ações impactam diretamente o ambiente de trabalho, e sua atuação, muitas vezes, concorre com a atuação da liderança operacional.

Considerando que a atuação das lideranças sindicais concorre, de certa forma, com a atuação dos líderes operacionais na representatividade dos colaboradores, o Capítulo 7 aborda as semelhanças e diferenças entre ambas em termos de responsabilidades e prerrogativas legais, bem como de comportamentos, habilidades e atitudes requeridas no dia a dia. O capítulo fornece uma visão sobre as intrigantes formas de relacionamento das lideranças sindicais com os seus representados. Mostra como é a atuação sindical sobre a mente coletiva dos trabalhadores. Ele é complementado com dicas sobre como lidar com lideranças sindicais internas no ambiente de trabalho.

O Capítulo 8 trata dos papéis e das responsabilidades e das respectivas consequências da não participação e do não comprometimento dos líderes operacionais nas negociações coletivas. É apresentado um conjunto de informações e dicas práticas sobre posturas e procedimentos a serem adotados como apoiadores dos processos de negociação.

As mobilizações e greves resultantes de conflitos trabalhistas são inerentes às relações entre a empresa, os trabalhadores e os sindicatos laborais e representam um direito dos trabalhadores consignado em legislação específica. Considerando seus enormes impactos sobre o ambiente de trabalho e sobre a atuação dos líderes operacionais, o tema é tratado no Capítulo 9 — o último do livro. Nele são abordados os diferentes aspectos que envolvem o ciclo de vida de uma greve, desde os primeiros sinais e agitações até o seu encerramento. Também aborda como o líder operacional pode contribuir para a solução do conflito que a originou.

Com o propósito de agregar conhecimento e valor ao desenvolvimento do líder operacional, o livro contempla o leitor com um conjunto de benefícios capazes de promover um ambiente de trabalho saudável, harmônico e produtivo. Entre esses benefícios, estão:

- Conhecer o que é requerido de um líder operacional eficaz.
- Entender e atuar sobre a dinâmica do cotidiano das relações no trabalho.
- Conhecer e aplicar técnicas de gestão de pessoas e de comunicação individual e coletiva.
- Conhecer e aplicar ferramentas e formas para se obter o respeito e a confiança dos liderados.
- Conhecer e aplicar ferramentas e formas para engajar as equipes com os valores e metas da empresa.
- Lidar com lideranças sindicais internas.
- Aplicar os conceitos básicos da legislação trabalhista no dia a dia.
- Prevenir e controlar passivos trabalhistas.
- Prevenir e corrigir problemas e conflitos individuais e coletivos no ambiente de trabalho.
- Evitar ou, quando não for possível, reduzir os impactos de mobilizações e paralisações do trabalho.

Desejamos a você, leitor, uma boa leitura e muito entusiasmo para aproveitar ao máximo esta viagem ao maravilhoso mundo do trabalho.

HELI GONÇALVES MOREIRA

Nota:

Alguns conceitos apresentados no livro certamente foram criados por outros autores, e não é nossa intenção contestá-los ou nos apropriarmos dos seus méritos de forma alguma, mas somente darmos uma visão sobre a sua utilização prática e eficaz pelos líderes operacionais no cotidiano das relações no trabalho.

PARTE I

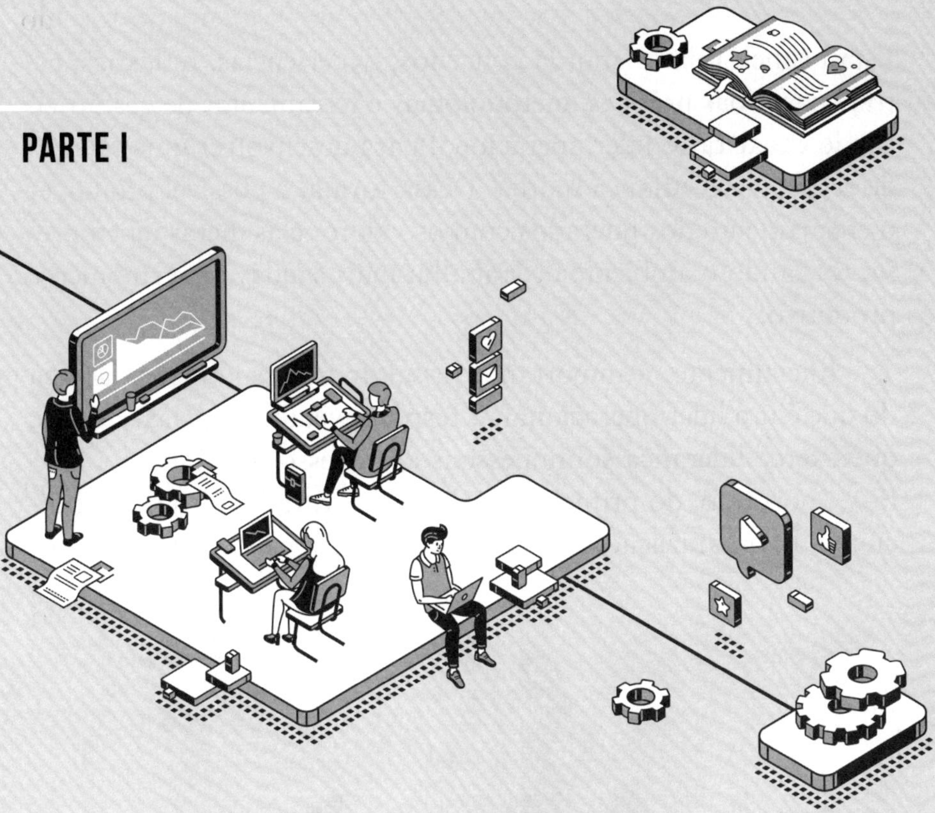

GESTÃO INTERNA DO AMBIENTE DE TRABALHO

GESTÃO INTERNA DO AMBIENTE DE TRABALHO

Esta primeira parte aborda conceitos, experiências, reflexões, estratégias, boas práticas, metodologias e ferramentas de gestão visando capacitar o líder operacional para desenvolver uma relação de respeito e confiança mútua. Dessa forma, é possível promover o engajamento dos liderados com os valores e as metas da empresa, tornando o ambiente de trabalho mais saudável, harmônico e produtivo.

Inicialmente, é importante ressaltar o entendimento acerca do que é um líder operacional: o responsável direto pelas equipes, que exerce liderança sobre pessoas e processos de trabalho. Trata-se, portanto, do primeiro nível da estrutura hierárquica e funcional da organização, o elo entre a empresa e os colaboradores.

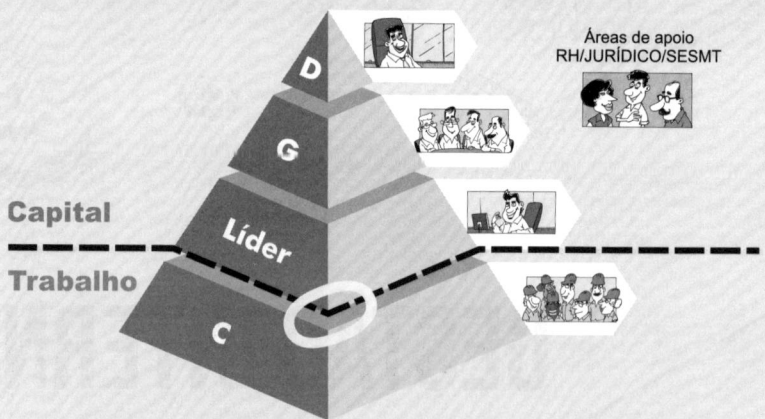

Figura 1 • Líder operacional — o elo entre o capital e o trabalho

Ao longo do tempo e dependendo de alguns fatores, como o ramo de atividade das empresas, esse cargo tem recebido diferentes designações, as mais comuns sendo: encarregado, supervisor, coordenador, líder de equipe. No passado, essa função já foi designada com títulos que tinham mais a ver com o estilo autocrático de gestão adotado pelas empresas: capataz, feitor, mestre, chefe.

CAPÍTULO 1

O que você precisa desenvolver para se tornar um líder operacional melhor, com foco em resultados

Figura 2 • Líder operacional — principal agente das relações no trabalho

Ao longo de minha trajetória profissional, tive a oportunidade de conhecer diferentes tipos de ambiente de trabalho, tanto em relação aos processos operacionais e administrativos, quanto acerca das relações interpessoais entre líderes e liderados e entre colegas de trabalho.

Para mim, Heli Gonçalves Moreira, duas experiências deixaram marcas profundas, quanto aos impactos, tanto os negativos quanto os positivos, dos ambientes de trabalho na minha formação profissional.

A primeira: pouco tempo depois de atingir a maioridade, ainda estudante, fui contratado para trabalhar numa siderúrgica alguns meses antes da inauguração. Tratava-se de um investimento de um renomado grupo empresarial nacional e tinha como finalidade a produção de aços especiais.

Desde o início e ao longo dos cinco anos que permaneci naquela empresa, eram notórias suas características de boa empregadora, dentre as quais se destacavam:

- Estrutura organizacional sólida, consistente, com políticas e procedimentos definidos.
- Demonstração de respeito com os colaboradores por meio da organização e de condições de trabalho de excelente qualidade.
- Boas políticas de recursos humanos.
- Comunicação interna eficaz e participativa; oportunidades de carreira.
- Política salarial e carteira de benefícios e serviços para o pessoal, alinhados com as melhores empresas do mercado.
- Lideranças internas preparadas e comprometidas.
- Proteção à saúde e segurança dos colaboradores; dentre outras.

Os reflexos desse ambiente se faziam sentir na comunidade com tamanha intensidade a ponto de os colaboradores serem vistos com admiração e receberem tratamento diferenciado no comércio local. Em contrapartida, o empenho e o comprometimento das lideranças e dos *colaboradores com os objetivos e metas da empresa eram igualmente notórios.*

Por força da minha atividade na área de recursos humanos, tive muito contato com o "chão de fábrica", como se dizia na época, na linha de apoio aos líderes operacionais na solução de problemas do cotidiano nas relações com os colaboradores.

Hoje, com a experiência e visão adquiridas, posso afirmar que estava vivendo em um ambiente de trabalho saudável, harmônico e produtivo, ou seja, um verdadeiro patrimônio da empresa e dos colaboradores, onde as lideranças operacionais exerciam um papel fundamental na sua preservação.

A segunda experiência ocorreu quando, na busca por uma nova oportunidade, fui trabalhar em uma outra empresa do ramo frigorífico na região da Grande São Paulo. Aquele foi um verdadeiro desafio profissional, considerando que as condições e o ambiente eram totalmente adversos e contrários à primeira experiência.

Tratava-se de uma empresa que havia passado os últimos cinco anos em condição de quase abandono, em situação pré-falimentar, recém-adquirida por um empresário da região do Mercosul. A empresa contava, naquela oportunidade, com um efetivo de milhares de empregados, dos quais cerca de 60% eram portadores de estabilidade adquirida em razão da legislação trabalhista vigente.

Aliado a outros fatores, era comum na época que a maioria dos empregados, ao adquirir dita estabilidade, mudasse radicalmente seus comportamentos e atitudes em relação ao empenho no trabalho, pois eram protegidos pela legislação e pela intensa atuação sindical. Aliás, essa foi a razão básica por trás da venda, pois os antigos proprietários não tinham disposição e recursos suficientes para enfrentar tal desafio.

Ao contrário da empresa anterior, o ambiente de trabalho no frigorífico era totalmente influenciado por uma parcela considerável dos colaboradores insatisfeitos e portadores de estabilidade. Eram comuns

> as ocorrências de desrespeito às normas de trabalho e aos líderes operacionais, com paralisações setoriais ao longo da jornada de trabalho. Frequentemente, as metas setoriais não eram cumpridas, e a realização de horas extras ultrapassava os limites do bom senso. Os acidentes de trabalho eram diários e as reclamações dos clientes e dos fornecedores eram permanentes.
>
> Como consequência, os resultados eram desanimadores, especialmente aqueles relacionados à produtividade, à qualidade e aos custos operacionais. Todos eles eram dependentes de uma responsabilidade compartilhada com a liderança operacional, a qual, em grande parte, estava igualmente insatisfeita e não comprometida com os valores e metas da empresa. Para piorar ainda mais a situação, o desencontro entre decisões, ações e omissões da direção da empresa contribuíram para a falência, depois de duas tentativas de recuperação judicial, na época conhecidas como concordata. Não houve como recuperar aquele ambiente de trabalho não saudável, sem harmonia e improdutivo.

Desde então, e a partir dessas experiências contrastantes, passei a dedicar especial atenção à figura do líder operacional, o principal responsável pelo cotidiano das relações no trabalho, e uma das bases para a construção e manutenção de um ambiente de trabalho harmonioso.

A promoção para cargos de liderança operacional nas médias e grandes empresas deixou de ser, há muitos anos, opção quase que exclusiva para os empregados com mais idade e com maior tempo de casa, sob a alegação de possuírem maior conhecimento técnico e experiência nas funções básicas do setor.

Em algum momento da história recente das empresas, com o desenvolvimento dos negócios, começou-se a perceber que, com essa política de recursos humanos, as empresas estavam perdendo excelentes profissionais e ganhando maus líderes, salvo raras exceções. Essa nova percepção se dá a partir do momento em que os dirigentes empresariais começam a perceber o valor do ambiente de trabalho. Este é o local onde os negócios são transformados em produtos ou serviços, um verdadeiro patrimônio técnico e cultural que, como tal, requer um novo perfil de seus zeladores, aqueles responsáveis pelo seu funcionamento: os líderes operacionais.

O ambiente de trabalho é o local da empresa onde tudo de bom e de ruim pode acontecer. O equilíbrio favorável somente estará presente se ele for zelado diuturnamente por líderes que, como você, estejam preparados, comprometidos e engajados com os valores e metas organizacionais. Mais do que isso, se os líderes também forem capazes de engajar seus liderados nos mesmos valores e metas.

Você, que já faz parte, ou pretende fazer, dessa nova liderança operacional, certamente já vivenciou ou se imaginou diante de situações corriqueiras, como ordens ambíguas de superiores ou falta de condições básicas de trabalho, para as quais lhe faltaram respostas sobre suas causas e prováveis soluções. Diante disso, você provavelmente já se perguntou: "O que fazer? Como fazer? Por onde começar?" É importante considerar que o cotidiano das relações no trabalho é, em grande parte, produto das relações entre indivíduos de distintas origens e formação, com diferentes interesses, sonhos e ambições, que os fazem enxergar a vida e o trabalho sob perspectivas específicas, únicas.

Os membros de uma equipe de trabalho, vistos sob a ótica de um grupo social, se comportam basicamente de três maneiras distintas.

Uma pequena parcela é formada por pessoas cordatas, satisfeitas com o que fazem e como estão sendo tratadas, que adotam comportamentos e atitudes colaborativas e assertivas. Entretanto, nessas atitudes não se incluem as manifestações expressas de apoio aos seus líderes e à própria empresa. São a favor das coisas como são, estão satisfeitas, e isso basta para justificar seus comportamentos e atitudes.

De outro lado, há outra pequena parcela, formada por pessoas geralmente muito insatisfeitas com tudo, que guardam, às vezes por muito tempo, decepções e rancores de situações passadas. Estão sempre dispostas a reclamar, reivindicar e, especialmente, influenciar e mobilizar os colegas na direção dos seus interesses. Essas pessoas estão insatisfeitas na grande parte das vezes, e isso é o suficiente para justificar seus comportamentos e atitudes contrários aos interesses da empresa e da maioria.

A terceira parcela é constituída pelo maior número de pessoas que formam as equipes de trabalho de uma empresa. Na maior parte do tempo, são pessoas indiferentes ao que acontece ou poderá acontecer, não têm e não estão interessadas em formar opinião própria. Costumam não se manifestar sobre as ocorrências do dia a dia, sejam elas favoráveis ou não aos seus interesses. Com esses comportamentos e falta de atitude, ficam vulneráveis a influências de outras pessoas, obviamente aquelas mais determinadas e mais ativas.

Esse talvez seja o seu maior desafio como um membro dessa nova liderança operacional. Você deverá encontrar o meio, a forma e os recursos mais adequados para se relacionar e se comunicar, individual e coletivamente, com os membros da sua equipe, constituída por diferentes perfis de comportamentos e atitudes. Assim, em contrapartida, você terá condições de conquistar a confiança necessária capaz de fazer com que o aceitem para liderá-los e representá-los no cotidiano das relações no trabalho.

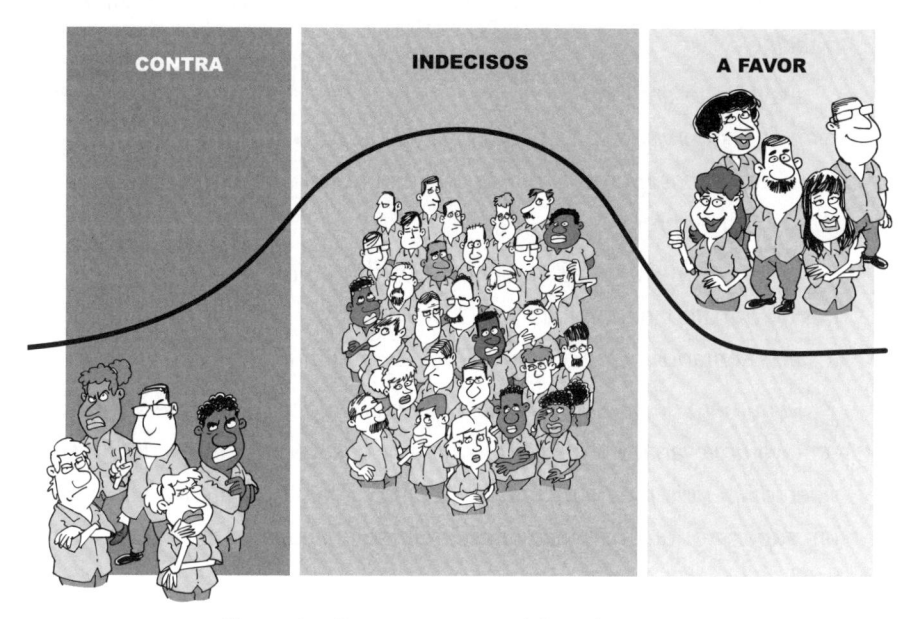

Figura 3 • Comportamentos típicos das equipes

Vale frisar que suas decisões estão sempre sendo observadas e interpretadas por, pelo menos, três óticas distintas: uma favorável, outra contrária e uma terceira indiferente — essa última, da maioria dos colaboradores.

A liderança eficaz participativa

No meu caso, Heli, uma das minhas primeiras experiências como consultor foi assessorando uma grande empresa metalúrgica localizada no estado de Santa Catarina. Diante dos resultados do diagnóstico do ambiente de trabalho que realizamos, a diretoria acabou concordando com a implantação do modelo estruturado de Liderança Eficaz Participativa. Este modelo tem como foco a capacitação e o incentivo da liderança operacional para a prática do diálogo permanente com as equipes de trabalho.

Devido ao grande número de líderes operacionais, na época denominados supervisores, a estruturação do programa e a capacitação demoraram alguns meses. Isso acabou gerando uma grande expectativa da direção da empresa.

Após a primeira rodada de encontros dos supervisores com suas equipes de trabalho, denominados ciclos do diálogo, todos os questionamentos apresentados pelos colaboradores foram tabulados e classificados.

O número de questionamentos de colaboradores por supervisor apresentava uma variação, sendo que a maior delas era em torno de 30, considerada perfeitamente natural. Entretanto, chamava a atenção o caso de um supervisor que não teve questionamento algum de sua equipe.

Resolvi então analisar o que poderia ter ocorrido e conduzi algumas entrevistas com os colaboradores desse supervisor, constatando que, de fato, não havia questionamentos a serem apresentados. Os colaboradores entrevistados informaram, com muita convicção, que quando tinham dúvidas ou sugestões, procuravam o supervisor e este os atendia prontamente, sempre apresentando uma solução ou esclarecimento convincentes para os problemas apresentados.

Pouco tempo depois, juntamente com Heli Junior, implementamos o mesmo modelo de Liderança Eficaz Participativa em uma grande empresa de papel e celulose do interior do estado de São Paulo. Após a conclusão da primeira rodada de encontros dos ciclos do diálogo, fomos surpreendidos por uma situação inédita.

Cada encontro do ciclo do diálogo fora programado para ser realizado, a partir de uma determinada segunda-feira, logo após o encerramento do turno de trabalho, demorando, em média, em torno de uma hora. Como consequência, os ônibus fretados para o transporte dos *colaboradores tiveram suas saídas retardadas em uma hora. Entretanto, um dos supervisores, diante da quantidade de questionamentos dos seus liderados, ao terminar o tempo previsto, interrompeu o encontro e combinou com o pessoal de continuar no dia seguinte, terça-feira. No dia seguinte, o tempo previsto de uma hora também não foi suficiente, e o encontro foi novamente interrompido, fato esse que se estendeu por toda a semana. Ao final da semana, depois de cinco horas de encontro, foram contabilizados em torno de 200 questionamentos, dúvidas, reclamações e sugestões dos colaboradores.*

Uma análise específica da situação indicou que o supervisor em questão, durante os mais de 20 anos de atuação na função, nunca tinha aberto espaço para dialogar com os seus liderados e, quando procurado, não se preocupava em dar um retorno, ainda que negativo. Estávamos diante de um ambiente de trabalho que se assemelhava a um porão cheio de ressentimentos, mágoas, dúvidas, insatisfações e revoltas.

Esses dois casos extremos exemplificam a diversidade dos estágios de comportamentos e atitudes entre os líderes operacionais perante suas equipes. Obviamente que, no primeiro caso, o líder operacional exerce uma liderança eficaz participativa; enquanto no segundo o líder se encontrava muito distante dessa classificação.

Como vimos, é primordial que o líder operacional tenha pleno conhecimento das pessoas que compõem a sua equipe de trabalho e seus respectivos perfis, e o diálogo é a ferramenta de gestão mais indicada para isso. Seja de forma individual ou coletiva, ele é o caminho mais eficaz para encurtar distâncias entre diferenças de percepções e opiniões, estimulando o respeito e a confiança, elementos fundamentais que certamente impactarão de forma positiva o ambiente de trabalho.

Mas, como o diálogo poderá ajudá-lo a responder questões objetivas como: o que as empresas esperam do líder operacional? Como alcançar e superar as metas setoriais? Como promover a melhoria contínua dos processos sob sua responsabilidade? É muito difícil encontrar respostas objetivas para essas questões, mas depois de conhecer e conviver durante mais de trinta anos com líderes operacionais e suas equipes, eu formei algumas convicções.

A primeira é que sozinho ninguém vai a lugar algum. E, se porventura conseguir ir, não vai alcançar os resultados que poderiam ser obtidos se estivesse acompanhado por outras pessoas, igualmente interessadas e engajadas com os mesmos propósitos.

A segunda é que as pessoas somente se engajam com os propósitos das empresas e dos setores onde trabalham se estes estiverem claramente enunciados e entendidos. Ademais, devem fazer sentido e estar alinhados com os seus propósitos e objetivos de vida.

Essas duas convicções são imprescindíveis. Entretanto, são insuficientes para se alcançar as metas planejadas e promover a melhoria contínua de processos sob a responsabilidade do líder operacional.

Convivendo, analisando e avaliando os erros e acertos cometidos por milhares de lideranças operacionais perante suas equipes de trabalho no cotidiano das relações no trabalho, foi possível desenvolver o modelo de Liderança Eficaz Participativa. O modelo, de concepção simples e objetiva, está fundamentado na prática do diálogo diário, aberto, franco, receptivo e permanente, promovido pelo líder com sua equipe, de forma individual e coletiva. Ele representa uma excelente ferramenta de gestão, essencial para o cumprimento do papel de líder, uma vez que promove a interação direta com cada membro da equipe, estimulando a sua participação nas decisões e ações que dizem respeito diretamente ao seu trabalho.

A consequência da participação dos membros da sua equipe no dia a dia do setor será o desenvolvimento de um trabalho com harmonia que, aliado às suas duas responsabilidades fundamentais (alcançar metas e melhorar continuamente os processos), constitui a razão da existência do cargo de líder operacional.

O PAPEL DA ADMINISTRAÇÃO/GERÊNCIA	O PAPEL DO RH e RTS	O PAPEL DO LÍDER DE EQUIPE		
Ações	Ações	Comportamentos assertivos	Ações do cotidiano	Objetivos
Definir responsabilidades	Capacitar	Assumir	Prevenir e corrigir problemas e conflitos Atuar em causas e efeitos	Alcançar resultados planejados Melhorar os processos Trabalhar com harmonia
Delegar autoridade	Manter portas abertas	Decidir		
Preparar	Ouvir			
Apoiar tecnicamente	Atualizar			
Disponibilizar informações	Apoiar			
Elaborar uma estratégia e comunicação	Privilegiar e envolver nas comunicações	Comunicar		

Figura 4 • Modelo de Liderança Eficaz Participativa

Você deve estar se perguntando como fazer para encontrar tempo, escasso e, por vezes, inexistente, para dialogar diariamente com todos os membros de sua equipe. Muitas vezes essa tarefa parecerá impossível. No entanto, com organização e disciplina você encontrará o tempo necessário. Se tiver cinco colaboradores sob sua liderança, converse com um por dia e ao final da semana terá dialogado com todos. Se tiver vinte, ao final do mês terá alcançado seu objetivo. Um vício comum da liderança, decorrente da pressão recebida dos superiores e da falta de tempo, é não aproveitar e criar as oportunidades para dialogar com a equipe, de forma individual ou com pequenos grupos. Uma conversa, ao contrário do que possa parecer, não representa perda de tempo, desde que conduzida de forma objetiva e estruturada.

O importante é a prática continuada de um diálogo aberto, franco e receptivo com todos os membros da equipe. Eles próprios perceberão que algo novo está acontecendo e comentarão entre si, estimulando os colegas mais descrentes a participar. Afinal, não há o que perder, somente ganhar. Agindo dessa forma, você estará atuando diretamente nas causas dos problemas e desvios das atividades sob sua responsabilidade, de forma preventiva, ou pelo menos enquanto estes ainda não atingiram proporções maiores ou incontroláveis. E o mais importante, feito de forma compartilhada com os membros da equipe, pois eles se sentirão donos das soluções encontradas. Nas relações no trabalho, a prevenção e a correção de problemas e de conflitos atuam de forma conjunta e recíproca e você, por meio do diálogo, funcionará como o vetor dessa engrenagem e será respeitado, reconhecido e admirado por isso — não só pela empresa, mas também pelos colaboradores.

Para desenvolver o diálogo aberto, franco e receptivo é necessário que você incorpore e adote, no seu cotidiano, seis ações distintas e complementares, tão simples como "andar para a frente":

1. **Ouvir** de forma aberta, receptiva e sem preconceitos todas as queixas e reclamações dos colaboradores, respeitando suas prioridades e estimulando a apresentação de sugestões para solucioná-las. O colaborador se sentirá valorizado quando perceber inequivocamente que está sendo ouvido.

2. **Registrar** de forma concisa e clara todas as informações necessárias para o entendimento e solução do problema. A simples anotação daquilo que está sendo mencionado pelo colaborador representa um sinal de

respeito e dá segurança a ele quanto ao compromisso que você está assumindo.

3. **Assumir** e deixar claro para o colaborador que, enquanto ele tiver um problema, você também tem um problema e que você está disposto a ajudá-lo a resolvê-lo. Essa atitude produz efeitos surpreendentes quanto à credibilidade da sua gestão para com a equipe.

4. **Analisar** os problemas em todas as dimensões, com o apoio das áreas responsáveis. Isso permitirá encontrar soluções viáveis para os problemas e conflitos ou, quando isso não for possível, desenvolver explicações pertinentes, consistentes e esclarecedoras que sejam capazes de convencer os colaboradores.

5. **Decidir** é o que cada colaborador espera do líder e, por essa razão, constitui parte fundamental do modelo. Em nossa convivência com inúmeros e diferentes ambientes de trabalho, temos observado que um dos maiores incômodos e insatisfações dos colaboradores é conviver com líderes que não decidem, deixando as coisas como estão, no limbo ou transferindo as responsabilidades para outros.

6. **Responder** é uma etapa decisiva para a sedimentação do modelo. A prática do modelo de Liderança Eficaz Participativa tem demonstrado que a maioria dos problemas que habitam a mente dos colaboradores no ambiente de trabalho decorre da ignorância dos fatos, das políticas, normas e procedimentos. Quando esclarecidos e entendidos, são mais facilmente assimilados e aceitos.

Afinal, o "não" — ainda que não atenda a uma necessidade ou contrarie um desejo, e desde que devidamente fundamentado — é parte integrante do diálogo e da realidade do dia a dia das relações no trabalho.

Figura 5 • Comportamentos típicos das equipes

Você, como líder operacional, ao praticar essas seis ações, adotará três comportamentos assertivos: **assumir, decidir e comunicar**. Eles o colocarão num patamar diferenciado aos olhos da equipe. Ao adotá-los, você perceberá facilmente que os resultados alcançados serão substancialmente melhores que aqueles obtidos anteriormente — o que o incentivará a continuar trilhando esse caminho. Ademais, poder contar com um líder que **assume, decide** e se **comunica** é o sonho de consumo de qualquer diretor, de qualquer empresa que se considere moderna e competitiva.

Portanto, como líder operacional, a sua responsabilidade no cotidiano das relações no trabalho é — por meio do diálogo aberto, franco e receptivo — **assumir** de fato e de direito a liderança de sua equipe; **decidir** sobre as ações preventivas e corretivas a serem empreendidas; e se **comunicar** com a equipe, ouvindo e dando feedback eficaz e oportuno.

Compete à empresa, por meio dos gestores e das áreas de apoio, com a sua participação efetiva:

- Definir claramente suas responsabilidades.
- Definir e delegar autonomia compatível com essas responsabilidades.
- Capacitá-lo e orientá-lo para que você possa desempenhar suas atividades com competência.
- Fornecer informações que possam embasar e suportar suas decisões.
- Desenvolver estratégias, meios e formas de comunicação interna capazes de facilitar e apoiar a comunicação como a expressão da liderança perante a sua equipe.

Atributos da liderança

Você já deve ter se perguntado como foi que acabou se tornando líder. Teria sido por acaso ou de forma intencional? Cremos que essa não seja a pergunta mais adequada, mas, sim: como você deve proceder para ser, de fato, um líder?

É fundamental saber o que a empresa, seus superiores, subordinados e colegas esperam de você como líder. Entretanto, isso não é suficiente. É igualmente fundamental saber o que é ser um líder.

Depois de mais de três décadas dedicadas à formação e ao desenvolvimento de líderes operacionais, entendemos que nesta sociedade moderna, em que mal conseguimos acompanhar a evolução das mudanças, liderar é inspirar, influenciar e conduzir pessoas e equipes para alcançar resultados planejados. Assim, os atributos da liderança estão relacionados diretamente a essas três ações básicas: inspirar, influenciar e conduzir pessoas.

Vários são os atributos necessários que devem ser praticados, de forma permanente e contínua, para que o líder conquiste essa posição: respeitar, confiar, saber ouvir, dar e receber feedback, assumir, decidir, comunicar, dentre outros. Para tanto, é necessário que as pessoas, individualmente, e a equipe como um todo o aceitem como aquele que desempenhará essa missão. Não é algo que se possa impor a elas, mas sim, conquistar no cotidiano.

■ Respeito e confiança

Como já comentados anteriormente, esses atributos, que caminham juntos e se complementam, representam os primeiros e os mais fundamentais passos de um líder na direção de um bom relacionamento com os membros de sua equipe. Cada ordem, cada orientação, cada decisão que você toma como líder devem ser e parecer ser norteada pelo respeito às pessoas e aos bens e serviços sob sua responsabilidade.

A confiança das pessoas na sua liderança será uma resposta automática ao respeito que você demonstra para com elas. Entretanto, esses dois atributos são insuficientes para afirmar a existência de um bom relacionamento entre você, líder, e os seus liderados. Para isso acontecer, será necessário que ambos percebam e sintam que estão usufruindo dos benefícios mútuos proporcionados por essa convivência pautada nesses valores. Como em uma relação de amizade em que se pode encontrar um ombro capaz de apoiá-lo no momento de dor, ou em uma relação matrimonial que permita ao casal planejar e construir em conjunto um futuro, uma família. Em situações que somente uma parte obtenha vantagens ou benefícios, não há, de fato, um bom relacionamento.

O mais importante é perceber, entender e aceitar que essa é, essencialmente, sua responsabilidade como líder e, portanto, indelegável.

O líder como protagonista no cotidiano das relações capital-trabalho

Entre as empresas na vanguarda da modernização, estas são as características mais desejadas da atuação da liderança:

- Ser capaz de liderar em tempos de mudança.
- Ter visão e pensamento estratégico.
- Ser capaz de entregar resultados acima da média.
- Evitar ou minimizar conflitos individuais e coletivos.
- Ter habilidade para desenvolver novos líderes.

Essas características o colocam na posição de ator principal nas relações diárias no trabalho, tirando-o, se estiver, da posição de mero repassador de problemas para cima ou de ordens para baixo. A posição de líder da equipe é sua por direito. Faça com que ela seja sua de fato, ocupe-a de forma plena pois, caso contrário, outra pessoa, como uma liderança informal ou uma liderança sindical, a ocupará. Essa é uma posição que naturalmente não fica desocupada por muito tempo.

Tão importante quanto saber o que seus superiores e a empresa esperam de sua atuação como líder operacional é conhecer e entender os desejos e expectativas dos membros da equipe. Pesquisas e diagnósticos realizados com milhares de trabalhadores ao longo da nossa carreira como especialistas em relações no trabalho indicam que, além de ter um emprego — sinônimo de dignidade e de ser reconhecido pelo exercício de suas funções, que afaga a sua autoestima —, o trabalhador brasileiro alimenta, pelo menos, cinco desejos e expectativas em relação à empresa, cuja realização conta com a sua responsabilidade compartilhada:

1. **Ganhar mais dinheiro, benefícios e serviços**

    Trata-se de uma necessidade básica primária, sendo a contrapartida pelo trabalho prestado de responsabilidade da empresa, como instituição social empregadora. Você compartilha da responsabilidade pelo atendimento a esta necessidade, como treinador e orientador de seus liderados.

2. **Ser tratado com respeito**

    Esta responsabilidade, intrínseca da liderança em geral, ganha significado especial em relação a você, que é quem convive de forma diuturna e direta com a equipe, e o único com competência e condições de conhecer cada um de seus membros. Existem várias formas de desrespeito aos empregados, muitas delas praticadas pela liderança de forma inconsciente. Uma das mais comuns está em não repassar informações da alta direção ou da área de recursos humanos que são do interesse dos trabalhadores.

3. **Partilhar do sucesso da empresa**

    Trata-se de um desejo de qualquer empregado que valoriza seu emprego: sentir orgulho por trabalhar numa determinada organização. Compartilhar com a equipe os elogios recebidos dos superiores ou clientes é uma forma de você, como líder, promover a autoestima e o sentimento de orgulho e pertencimento dos colaboradores. O empregado precisa conhecer as atitudes éticas e sociais praticadas pela empresa, competindo a você a tarefa de mantê-lo bem informado a esse respeito.

4. Compreender o significado das coisas

Tão importante quanto as demais, esta necessidade dos empregados é que faz a diferença quando uma situação requer que haja credibilidade na empresa e no líder operacional. Por exemplo, no caso de uma convocação sindical para a paralisação do trabalho, se você se omitir, passará para a equipe uma ideia de concordância com o movimento ou, no mínimo, de que participar ou não do movimento não é algo importante. Lembre-se, o líder que não se preocupa em manter os liderados informados sobre tudo o que lhes diz respeito está deixando de cumprir uma ação que certamente fará falta quando uma situação imprevista e indesejável se apresentar.

5. Trabalhar em paz

O trabalhador brasileiro, na sua maioria, não gosta de confusão, não participa e não aprova quaisquer tipos de conflitos e agressões contra a empresa e seus representantes. Mesmo não havendo unanimidade com relação a esse sentimento, é fundamental manter-se atento às motivações e às mobilizações conduzidas por lideranças sindicais, tanto internas quanto externas. A sua aproximação e presença física e/ou psicológica perante sua equipe de trabalho são fundamentais para a paz e harmonia no ambiente de trabalho.

O tema "desejos e expectativas dos colaboradores" será abordado com mais detalhes no próximo capítulo.

■ A importância da comunicação como ferramenta de gestão do ambiente de trabalho

A comunicação, como expressão e posicionamento da liderança nas relações diárias no trabalho, é exercida sob a forma de quatro dimensões ou atributos: **transmitir informações, saber ouvir, dar e receber feedback e mobilizar a equipe.**

Ao **transmitir informações**, tanto para cima quanto para baixo, o líder operacional deve primar pela certeza do conteúdo. Se não souber, pergunte. Se não entender, peça que expliquem. Se não estiver convencido, não passe adiante. Transmitir informações não significa necessariamente gostar daquilo que está sendo informado. Para se firmar perante a equipe, o líder operacional deve contar com sua total credibilidade. Lembre-se, a reputação leva anos para ser construída e segundos para se perder.

"**Saber ouvir**" está para o líder assim como o "marcar o gol" está para o atacante de uma equipe de futebol. Não dá para se manter na posição sem esse atributo. No processo de ouvir, uma etapa que merece total atenção do líder refere-se à relação fato-
-conceito. Exemplificando:

Uma cena muito comum no trânsito de uma grande cidade:

Num final de tarde ao término do expediente de trabalho, um motorista se aproxima de um cruzamento com o semáforo que ainda mostra a luz verde. Um outro está parado com o sinal vermelho aguardando ansiosamente, com a primeira marcha já engatada e o pé no acelerador.

O segundo motorista, igualmente ansioso, trafega pela rua transversal, que se encontra com o sinal verde e que acaba de passar para o amarelo. Entendendo que a preferência é sua, prossegue no trajeto.

O outro, julgando que amarelo lhe é favorável, sai em disparada. O que era teoricamente evitável acontece. Uma batida com danos materiais para ambos.

Uma confusão está formada, piorando de vez a situação já caótica do trânsito. Ambos saem de seus veículos aos gritos. Um policial é pouco para conter os ânimos. A discussão acaba na delegacia.

O único fato com o qual ambos concordam: houve uma colisão com danos materiais.

O conceito, para o primeiro motorista, é que a preferência quando do sinal amarelo é sua, pois ele já se encontrava em movimento. Para o segundo motorista é exatamente o oposto.

A consequência: não há entendimento, e o processo do diálogo não se completa.

Situações similares a essa acontecem no cotidiano das relações no trabalho e são, às vezes, excelentes oportunidades para você, como líder, conquistar a confiança dos seus liderados. Basta estar atento à relação fato-conceito durante o diálogo com o liderado envolvido. O atributo do **saber ouvir** será tratado no Capítulo 4, como uma poderosa ferramenta de gestão do ambiente de trabalho.

Um atributo igualmente poderoso é saber como **mobilizar a equipe** na direção das metas setoriais ou para solução de situações específicas e/ou emergenciais. O sucesso de uma mobilização da equipe tem a ver diretamente com a definição do estilo de comunicação da liderança e os respectivos fatores de influência.

Quando uma informação é transmitida do líder para os liderados sem que haja uma resposta, estamos diante do estilo unilateral de comunicação. Ao contrário, o estilo de comunicação bilateral é aquele em que o processo da comunicação se caracteriza pela transmissão da informação em ambos os sentidos, do líder para os liderados e vice-versa. Esse estilo de comunicação geralmente promove um consenso entre os pontos de vista do líder e da equipe, ao mesmo tempo em que cria um clima de respeito e compreensão mútua.

Antes de determinar qual o estilo de comunicação mais apropriado para a mobilização da equipe, avalie quais os fatores de influência que interferem nessa escolha.

Os três fatores de influência de maior relevância são: o **tempo** (suficiente ou não para planejar e executar o processo de comunicação); a **complexidade do tema** (baixa ou alta, e está relacionada com a mobilização); e a **estrutura de poder** (percebida pelos liderados como definida ou tênue).

Para exemplificar, considere um líder que convive há um bom tempo com a equipe e goza de plena confiança e respeito utilize o **estilo unilateral de comunicação** ao convocá-la, na última hora, para a realização de um trabalho extraordinário emergencial, cuja significância para os resultados todos conhecem plenamente. Por outro lado, um líder recém-promovido para a função teria mais possibilidade de sucesso com o **estilo bilateral de comunicação,** se estiver diante do desafio de ter de mobilizar uma equipe bastante experiente para uma mudança importante no processo de fabricação de um determinado produto, o qual poderá colocar a empresa na frente dos concorrentes.

Independentemente do estilo de comunicação escolhido com base nos fatores de influência, considere sempre que a equipe é formada por diferentes pessoas, de diferentes origens, em diferentes estágios de vida, ou seja, com diferentes visões sobre um mesmo fato. Isso poderá exigir uma combinação entre comunicações individuais personalizadas, complementadas por uma comunicação coletiva com toda a equipe.

No próximo capítulo, você terá a oportunidade de conhecer algumas histórias e situações reais do cotidiano das relações no trabalho, em que, algumas vezes, faltaram ao líder operacional certos conhecimentos e atributos. Serão analisadas também as respectivas consequências indesejáveis. Já em outras, ao contrário, você verá que o líder fez a diferença, e os resultados foram extremamente compensadores e alavancaram as carreiras dos envolvidos.

CAPÍTULO 2
Os principais desafios de gestão de equipes que impactam negativamente o ambiente de trabalho

No capítulo anterior, vimos um exemplo das características e dos resultados gerados por um ambiente de trabalho saudável, harmônico e produtivo, ou seja, um patrimônio empresarial. Vimos também os conhecimentos e atributos requeridos pelo líder operacional, como o principal responsável por zelar pela manutenção desse patrimônio.

Trata-se de uma tarefa árdua e permanente, mas possível de ser feita e recompensadora. Entretanto, o seu sucesso será diretamente proporcional ao nível de compartilhamento e engajamento que você conseguir inspirar junto à sua equipe de trabalho, de forma individual e coletiva.

Como ser inspirador diante das inúmeras condições adversas que surgem a todo momento? Como perceber as situações que mais impactam negativamente o ambiente de trabalho?

Certa ocasião, quando eu, Heli, exercia a função de gerente de recursos humanos de uma empresa do ramo frigorífico, citada no capítulo anterior, contratamos, como trainee, um profissional em fase de formação de uma das melhores escolas de negócio da América Latina. Minha responsabilidade era assessorá-lo e acompanhá-lo em seu desenvolvimento, facilitando o seu contato com os mais variados temas da área. A área operacional da empresa, no estágio em que se encontrava, apresentava para nós, de recursos humanos, as ocorrências disciplinares corriqueiras dentro de um ambiente de trabalho, como faltas sem justificativa, atos de indisciplina, brigas entre colegas etc.

Eu procurava envolvê-lo em todas as situações possíveis, inicialmente como observador e, conforme a sua evolução, como analista. Ao final de um tempo, ele já estava participando das ocorrências de uma forma mais direta, inclusive das decisões — especialmente nos casos de indisciplina e conflitos. Assim, o seu início de carreira deslanchou, visto que ele demonstrava um alto poder de observação, análise e muito equilíbrio nas tomadas de decisão. A evolução de seu desempenho era notória, bem destacada nas épocas das avaliações.

Mas eis que, numa segunda-feira, chegando ao trabalho, fui surpreendido por aquele jovem profissional com uma carreira promissora em recursos humanos pela frente. Ele comunicou que estava deixando a empresa, sob a alegação de que desejava algo diferente para o seu futuro profissional e pessoal.

Ao solicitar que me explicasse melhor, ele se posicionou alegando que "a área de recursos humanos era como uma caixinha de surpresas diárias, que a gente abre e não sabe o que vai encontrar dentre as muitas ocorrências, conflitos, desentendimentos etc.", e não era isso que ele almejava para o futuro.

Não mencionei que, em todas as ocorrências acompanhadas por ele, sempre esteve presente a figura do líder operacional, como primeiro e principal responsável pela "caixinha de surpresas", ou seja, o ambiente de trabalho — onde tudo de bom e de ruim acontece. A área de recursos humanos era e continua sendo apoiadora na análise e solução das diferentes ocorrências do cotidiano.

Aprendemos com essa experiência que, independentemente da competência e proatividade dos líderes operacionais, o ambiente de trabalho é e sempre será cheio de "surpresas" diárias. O importante é ter controle sobre a extensão, a profundidade e a abrangência das ocorrências, e isso tem a ver diretamente com a sua atuação como líder operacional.

Em primeiro lugar é preciso perceber e identificar os sinais dos desvios da normalidade, por meio dos comportamentos e das atitudes dos colaboradores.

Um novo olhar sobre o ambiente de trabalho

Sabemos que as escolhas das pessoas estão diretamente relacionadas às suas motivações. Primeiramente, é preciso estar atento às atitudes e reações dos colaboradores e assim perceber em que estágio se encontra o ânimo, ou desânimo, de cada um e da equipe como um todo.

São basicamente três os estágios de evolução de um ambiente de trabalho.

O primeiro estágio é o de mediocridade, em que a **raiva**, decorrente da percepção de injustiças ou omissões praticadas pelos superiores, pode motivar os colaboradores a se rebelar ou desistir, pedindo demissão ou adotando comportamentos e atitudes provocativas, na esperança de serem dispensados pela empresa e assim receberem as verbas indenizatórias. Em algumas situações esses comportamentos se constituem num padrão contagiante, de difícil solução.

Ainda nesse estágio, o **medo** de cometer erros ou descumprir uma regra pode levar alguns colaboradores a uma situação de paralisia, de obediência com ressentimentos, ou mesmo de subserviência ou bajulação. Essa situação é mais preocupante que a anterior, enganando a sua percepção de líder e retardando sua reação.

Os resultados desse primeiro estágio são desastrosos, a exemplo das equipes de futebol. O líder, ao perder o controle da equipe, não conseguirá entregar os resultados esperados pela empresa. E mais, a recuperação da confiança da equipe na sua liderança será mais lenta e difícil. Assim como nos campeonatos de futebol, as empresas podem optar pela substituição do líder.

O segundo estágio representa uma evolução quando comparado com o primeiro. Nesse estágio, as **recompensas** oferecidas pela empresa e por sua liderança — como reajustes salariais, prêmios, promoções, benefícios e elogios —, se percebidas e reconhecidas pelos colaboradores da equipe, poderão ser motivadoras de mudanças de comportamento e de atitude.

Este é considerado um estágio de transição para um nível superior, pois resultados medianos serão insuficientes para algum tipo de recompensa ou promoção seja justificado.

Se você conseguir fazer com que seus colaboradores percebam a importância do sentimento de **dever cumprido** como uma condição necessária, mas ainda insuficiente, para uma evolução em suas respectivas carreiras, você estará no caminho certo e dando um passo fundamental na direção do terceiro estágio: o compromisso e engajamento com os resultados do setor.

A primeira etapa do terceiro estágio será alcançada quando o líder conseguir estabelecer uma relação de **respeito** e **confiança** com a equipe, em que a liberdade de expressão seja estimulada por meio de uma comunicação aberta, receptiva e permanente. Esta etapa é caracterizada pelo compromisso da equipe de atingir os objetivos da empresa e com as metas individuais e setoriais. Entretanto, esse compromisso muitas vezes está mais no campo das intenções do que nas realizações.

A abertura para a **participação** efetiva dos colaboradores na vida setorial e, posteriormente, na vida organizacional complementa esse estágio. Dessa forma, eles serão conduzidos a um engajamento pleno com os resultados, obviamente sendo recompensados por isso. É neste nível, quando os resultados planejados são alcançados e até superados, que uma equipe pode ser qualificada como sendo de alta performance.

Uma equipe de alta performance somente surgirá e se manterá quando houver um ambiente de trabalho saudável, harmônico e produtivo.

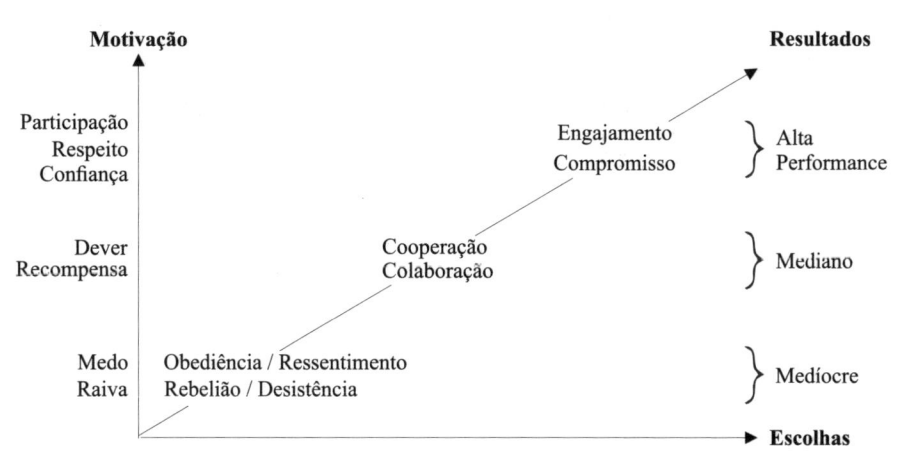

Figura 1 • Ambiente de trabalho saudável, harmônico e produtivo

Um exemplo característico da alta performance de uma equipe pode ser encontrado na Fórmula 1, quando uma simples parada para troca de pneus, realizada em alguns poucos e inacreditáveis segundos, pode definir o vencedor da corrida e até do campeonato.

Quais são os principais erros e omissões cometidos pelos líderes operacionais nas relações com suas equipes no dia a dia e que podem comprometer a manutenção de um ambiente saudável, harmônico e produtivo, e colocar em risco os resultados setoriais sob sua responsabilidade?

Ao realizar um diagnóstico para um cliente localizado numa região remota, cuja força de trabalho é oriunda de outras regiões distantes, um conjunto de desvios e problemas foram constatados. Estes, aliados às dificuldades de adaptação dos colaboradores na região, eram os responsáveis pelo elevado *turnover* e busca pela Justiça do Trabalho.

O diagnóstico foi obtido pelo estímulo à livre e anônima manifestação dos colaboradores, expressando seus sentimentos quanto às relações no trabalho cotidianas. A partir dele, identificou-se que, dentre as 70% manifestações mais críticas em relação ao ambiente de trabalho, a maioria delas estava diretamente relacionada com a atuação das lideranças:

Condições de Trabalho

- Falta manutenção no caminhão prancha.
- Necessidade de ampliar a cobertura no relógio de ponto. Quando chove se molham muito.
- Faltam ferramentas adequadas nas oficinas central e de campo.
- Necessidade de ter sala de vivência, com ambiente fechado, livre de chuva ou poeira.
- Estradas e trajetos são ruins, com muitos buracos. Ninguém olha, fiscaliza e busca melhorar.

Organização do Trabalho

- Demora no atendimento do almoxarifado para troca de uniformes ou EPIs.
- Dificuldade de retirar EPI no turno da noite, por falta de técnico de segurança para aprovação.
- Um dia de folga é pouco. Poderiam trabalhar mais dias para folgar mais.
- A hora extra servia muito para complementar salário. Hoje não podem fazer mais isso, só querem baixar os índices sem olhar as pessoas.
- Muitas vezes, o líder tira o operador da sua função para cobrir outro, prejudicando o resultado da pessoa.

Clima Organizacional — Relacionamento

- O tratamento e o atendimento são deficientes no refeitório, almoxarifado, DP, portaria e ambulatório.
- Existem "panelinhas" entre encarregados e líderes.
- Há necessidade de todas as áreas conhecerem a assistente social e técnicos de segurança para contar com o apoio deles.
- Os bons não são valorizados. A empresa só quer saber de números, de resultados e de punição (perdem produção, PPR, prêmio). A impressão é que a empresa quer que sejam uma engrenagem.
- Num mesmo equipamento há pessoas comprometidas com o resultado e outros não, o que atrapalha o resultado.

Liderança

- Na Indústria há gestores que não têm boa comunicação e relacionamento com a equipe.
- Há supervisores que deixam a desejar, fazem reuniões mensais, mas os assuntos do dia a dia não são resolvidos.
- Existem líderes arrogantes que não se colocam no lugar de outras pessoas; não "dão o braço a torcer"; se impõem pela sua função: "manda quem pode, obedece quem tem juízo".
- Muitos colaboradores não conseguem tirar férias junto com a esposa, por maldade do encarregado.
- Falta comunicação do líder com a equipe. Não conhecem todos os colaboradores, pontos fortes e fracos de cada um, não sabem se têm problemas pessoais ou não, não dialogam.

Segurança e Medicina do Trabalho

- A Segurança do Trabalho deixou de ter papel de apoiador para ter postura punitiva. Não resolve os problemas, mas leva adiante para os superiores. São detetives: tiram fotos para registro e punição.
- O pessoal que trabalha com produtos perigosos não tem EPI adequado: entra água no uniforme. A caneleira também é pequena.
- Em períodos de chuva, o pessoal poderia evitar de ir para as áreas remotas por risco de acidentes.
- Constantemente são submetidos a riscos de segurança para cumprimento de metas. A pressão é grande e o risco é enorme.

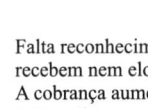

Políticas de Recursos Humanos

- Falta reconhecimento profissional. Não recebem nem elogio. Recebem muita cobrança. A cobrança aumenta e o reconhecimento não.
- Falta treinamento para a utilização de novos equipamentos que estão chegando.
- Desconhecem os critérios da premiação. Recebem, mas quando acham que o prêmio virá bom, isso não acontece. Há desconhecimento dos valores.
- Existe protecionismo. Os líderes dão as classificações para os mais próximos.
- Muitas vezes preferem contratar pessoas de fora ao invés de dar oportunidade ao colaborador interno.

Figura 2 • Diagnóstico — sentimentos dos colaboradores

Todos os exemplos do diagnóstico representam as percepções dos colaboradores. Algumas delas foram evidenciadas de forma direta, como a falta de equipamentos ou ferramentas de trabalho. Outros, a maioria, expressavam seus sentimentos, como no caso da falta de comprometimento dos colegas de trabalho. Essas percepções podem, inclusive, não corresponder à verdade, mas é assim que eles veem e percebem a realidade. E é essa visão que acaba por determinar suas escolhas.

■ O farol do ambiente de trabalho

Como você, líder operacional, poderia corrigir e até evitar esses tipos de erros e omissões no cotidiano?

Para corrigir e prevenir, é preciso, antes de tudo, conhecer e identificar os desvios. A forma mais objetiva para saber como as pessoas enxergam e se sentem em relação ao ambiente de trabalho é dialogando. Essa é uma tarefa diária e permanente, de sua responsabilidade exclusiva como líder operacional.

Com base em intervenções realizadas em inúmeros clientes, desenvolvemos, a exemplo da navegação marítima, um farol para indicar e iluminar o caminho mais seguro para o líder operacional realizar, com sucesso, o monitoramento e a gestão das principais fontes e causas de desvios da normalidade e da ocorrência de conflitos nos ambientes de trabalho sob sua responsabilidade. O farol se vale de oito lentes específicas, por meio das quais o líder operacional é capaz de monitorar as principais fontes e causas de desvios e os conflitos de maior relevância no ambiente de trabalho. Ainda que várias dessas fontes sejam de responsabilidade de outras áreas da empresa, os seus reflexos impactam diretamente a atividade e a qualidade da gestão do líder operacional.

O farol está estruturado para facilitar tanto o seu diálogo diário individual quanto o coletivo com os membros de sua equipe. Ele está baseado em oito focos de monitoramento do ambiente de trabalho, obviamente apoiados pelos indicadores de gestão disponíveis:

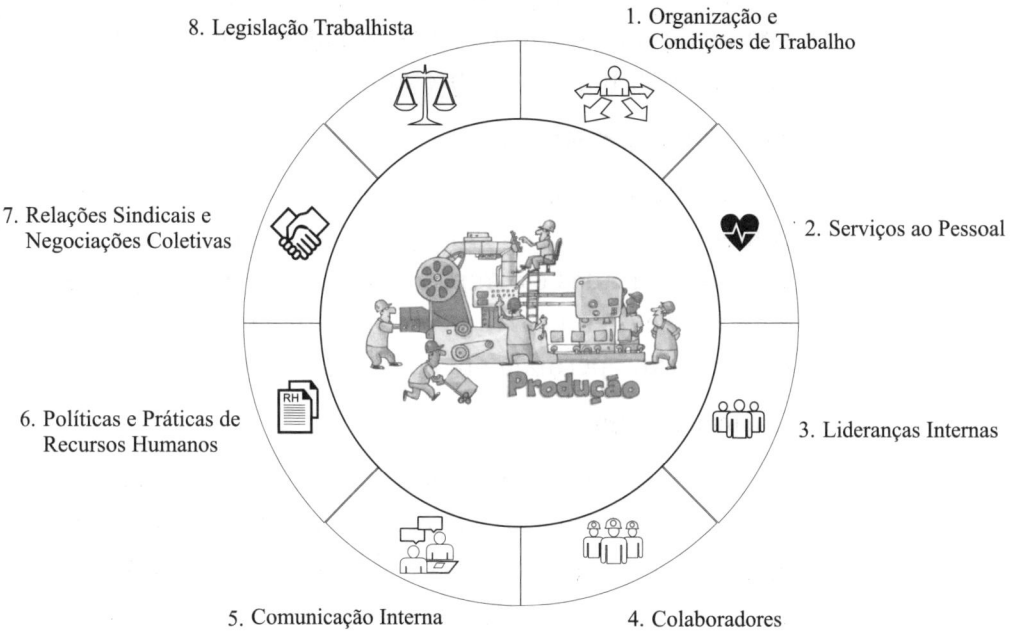

Figura 3 • Farol do ambiente de trabalho

1. Organização e Condições de Trabalho
2. Serviços ao Pessoal
3. Lideranças Internas
4. Colaboradores
5. Comunicação Interna
6. Políticas e Práticas de Recursos Humanos
7. Relações Sindicais e Negociações Coletivas
8. Legislação Trabalhista

1. Organização e condições de trabalho

O principal foco de atenção do líder operacional deve estar voltado para saúde, segurança, escalas, horários de trabalho e descanso, realização de horários extraordinários e níveis de pressão por produtividade em equilíbrio com os recursos disponíveis.

2. **Serviços ao pessoal**

   Os serviços básicos, preconizados por Maslow e Herzberg, são higiênicos e não motivadores; mas, quando precários ou ausentes, são altamente desmotivadores, como transporte coletivo, vestiários, banheiros, alimentação, assistência médica e outros. Esses serviços, apesar de não serem responsabilidade direta do líder operacional, impactam diretamente seus resultados.

3. **Liderança operacional**

   As lideranças funcionam como um portal pelo qual os colaboradores veem a empresa. Como tal, elas devem estar qualificadas e comprometidas para motivar suas equipes. Seus comportamentos e atitudes são observados de forma permanente pelos colaboradores.

4. **Colaboradores**

   Os colaboradores, como profissionais, trazem para a empresa sua formação e experiência, e como cidadãos, seus valores, sonhos, necessidades e expectativas. Cabe ao líder operacional estabelecer uma parceria que compatibilize desejos, expectativas e possibilidades mútuas entre a empresa e os colaboradores.

5. **Comunicação**

   Compete ao líder adotar uma estratégia de comunicação eficaz, já que ele é o comunicador oficial da empresa perante a equipe. Essa comunicação se dá pelos meios: escritos, verbais e eletrônicos; e de processos: de cima para baixo e de baixo para cima, que gerem reações positivas nos colaboradores. Lembre-se, a comunicação é a expressão da liderança.

6. **Políticas e práticas de RH**

   Com o tempo, é natural que os colaboradores se acostumem com as políticas e os benefícios praticados pela empresa. Assim, passam a ser vistos como obrigações da empresa e eventuais falhas ou falta de entendimento ganham dimensão e visibilidade. Este tipo de situação requer a permanente atenção do líder operacional e da área de recursos humanos.

7. **Relações sindicais e negociações coletivas**

   Os sindicatos normalmente reivindicam melhorias no trabalho, mas também apontam falhas e recebem reclamações dos colaboradores. As lideranças sindicais se valem dessas reclamações para formalizar eventuais denúncias e para mobilizar os seus representados, impactando diretamente o ambiente de trabalho.

8. **Legislação trabalhista**

   Toda empresa deve gerir adequadamente as condições de trabalho, adequando-as às normas e às obrigações trabalhistas para, assim, prevenir e corrigir passivos trabalhistas. A maioria das questões e passivos trabalhistas tem origem no próprio ambiente de trabalho e está sob a responsabilidade do líder operacional.

Os conflitos individuais e coletivos no ambiente de trabalho — um caminho reversível

Basta a presença de um pequeno grupo de pessoas para a possibilidade da ocorrência de conflitos. Assim como em ambientes políticos e sociais, no ambiente de trabalho essa possibilidade pode ganhar proporções incontroláveis, uma vez que inúmeros fatores desencadeadores de conflitos estão ali presentes. Entre eles, estão a pressão por resultados, falta de condições de trabalho, falhas de comunicação, problemas pessoais mal resolvidos, insatisfações pontuais ou acumuladas e falta de respeito ou injustiças percebidas.

Isso é parte integrante do ambiente de trabalho — onde tudo de bom e de ruim acontece — e que inclusive justifica a sua presença, como líder operacional. Sua principal atribuição é zelar pela paz nas relações no trabalho, além de suas responsabilidades principais em relação às metas setoriais e à melhoria contínua de processos. Aliás, elas dependem essencialmente de um ambiente de trabalho saudável e tranquilo.

Fomos procurados por dois jovens irmãos empresários que haviam acabado de assumir a empresa que era administrada pelo pai, falecido em decorrência de um mal súbito. Sem experiência e de maneira repentina, aqueles jovens, que estavam sendo preparados pelo pai para assumir gradualmente o comando da empresa, se viram diante do desafio de comandar perto de 500 empregados diretos, sob intensa pressão das montadoras clientes, num ambiente altamente competitivo.

O pai, um grande empreendedor e com características paternalistas, se deixou cercar por gestores e líderes operacionais mal preparados nos últimos anos de vida. Já cansado, deu plena liberdade a eles, que estavam mais interessados em tirar proveito da situação e que mantinham um modelo típico de heterogestão, ao estilo "manda quem pode, obedece quem tem juízo".

Ao conhecer a empresa e realizar um diagnóstico por meio de entrevistas com grupos de foco, formados de forma homogênea por níveis e heterogênea por áreas, concluímos estar diante de um ambiente de trabalho onde imperava a raiva e o ódio dos empregados, em praticamente todos os níveis.

Em conversas com os funcionários mais antigos, percebemos que, alguns anos antes, seu antigo proprietário dispunha de mais energia e comandava a empresa estimulando o diálogo entre líderes e liderados, entre colegas e áreas de trabalho. O ambiente de trabalho era outro e as atividades eram desenvolvidas na base do respeito e da camaradagem entre as pessoas. A partir de um certo momento, pequenas discussões começaram a fazer parte do cenário interno, transformando-se rapidamente em pequenos conflitos individuais, os quais, mais rapidamente ainda, se transformaram em conflitos entre áreas.

No sentido inverso, os resultados foram decaindo — no início de forma gradual e, mais tarde, de forma mais acentuada —, colocando em risco a própria sobrevivência do negócio. Naquela ocasião entramos em cena, ajudando os jovens irmãos empresários a encontrar e percorrer um caminho reversível no seu modelo de gestão, além do saneamento e do ajuste da estrutura, que já haviam sido iniciados por eles.

Com base no diagnóstico, os líderes operacionais da empresa foram definidos como as figuras-chave do processo de mudança e a maior parte do investimento foi aplicado no seu desenvolvimento e empoderamento.

Figura 4 • Da paz ao conflito — um caminho reversível

Coloque-se no lugar daqueles líderes operacionais. A sua não atuação preventiva e falta de diálogo com os colaboradores impediram que percebessem os problemas e desvios próprios do cotidiano das relações no trabalho enquanto ainda eram pequenos, muitas vezes imperceptíveis a olho nu. Tenha a certeza de que, agindo assim, você será surpreendido por atitudes inesperadas de seus colaboradores, atropelando a hierarquia em busca de soluções por conta própria, diretamente com os níveis superiores. Ou ainda pior, buscando soluções fora da empresa junto a lideranças sindicais, fiscalização ou Justiça do Trabalho.

A omissão de um líder operacional pode ter um efeito tão ou mais danoso para o ambiente de trabalho do que cometer uma falta grave, pois essa última normalmente aparece de forma mais escancarada. Já a primeira, ainda que de forma não intencional, contribui de forma sorrateira para o agravamento das consequências e, quando descoberta, já pode ter provocado muitos estragos.

Na maioria das vezes, um conflito coletivo é decorrente de conflitos individuais, e um grande conflito é a evolução de pequenos conflitos e desentendimentos acumulados ao longo do tempo.

Na dinâmica de um ambiente de trabalho, é praticamente impossível prever a ocorrência de desvios e conflitos. Compete ao líder operacional estar atento aos acontecimentos diários. Como não tem condição de estar presente em todos os lugares em todos os momentos, o diálogo permanente com os colaboradores é a única forma de gerar a confiança necessária, capaz de fazer com que eles se engajem como parceiros na zeladoria do ambiente de trabalho. Afinal, o ambiente de trabalho é um patrimônio de todos que dele participam.

A greve como consequência dos conflitos internos, individuais e coletivos

O ambiente de trabalho, quando favorável à ocorrência de conflitos trabalhistas individuais e coletivos, pode se tornar o *habitat* natural da greve[1]. Esta é a cessação voluntária, temporária e coletiva do trabalho, como forma de protesto às condições de trabalho oferecidas pela empresa ou como forma de pressão para obtenção de melhorias salariais diretas ou indiretas, ou ainda para garantir direitos já adquiridos e ameaçados de extinção.

De outra parte, um ambiente de trabalho com essas características negativas promove um clima de desalento para os colaboradores. Dessa forma, eles se tornam vulneráveis às motivações externas para a paralisação do trabalho, como protestos políticos

---

[1] A greve está legalizada no Brasil desde 1989, por meio da Lei 7.783/89, como um direito dos trabalhadores. Disponível em http://www.planalto.gov.br/ccivil_03/leis/l7783.htm.

e ideológicos, especialmente via lideranças e ativistas sindicais. Por outro lado, um ambiente de trabalho marcado pelo respeito mútuo, pelo diálogo e pela paz nas relações internas — e não por conflitos individuais e coletivos — dificilmente será palco de protestos e paralisações, sejam de origem interna ou externa à empresa.

Na perspectiva da dinâmica diuturna do ambiente de trabalho, a sua responsabilidade como líder operacional consiste em estar permanentemente atento à ocorrência de desvios da normalidade que possam abrir espaços para reclamações, protestos e conflitos individuais. Quando prevenidos ou resolvidos de imediato, eles serão como barreiras aos conflitos coletivos e paralisação espontâneas do trabalho, garantindo a não ingerência de terceiros em assuntos internos da empresa.

A partir da metodologia Kepner Tregoe (KT) para análise e solução de problemas[2], desenvolvemos um modelo adaptado para a sua aplicação, como líder operacional, nas relações no trabalho.

A metodologia original KT se destinava a resolver problemas técnicos ocorridos com os voos espaciais conduzidos pela NASA. Já a metodologia adaptada está focada no relacionamento entre pessoas de diferentes origens, nos diferentes estágios de vida. De grande utilidade, ela possibilita que toda ocorrência diária no ambiente de trabalho seja analisada segundo os cinco passos a seguir:

1. **Definição e conceituação clara do(s) problema(s) envolvidos na ocorrência.**

    A primeira garantia de solução de algum problema ou desvio é conhecê-lo em sua abrangência, profundidade e extensão. É necessário saber do que ele realmente se

---

[2] Saiba mais em: https://bityli.com/xasQodp.

trata, quais são suas repercussões e impactos, quais são as pessoas envolvidas, e se existem políticas, normas e procedimentos a respeito.

2. **Identificação da(s) causa(s) do(s) problema(s).**

   Clareza, consistência e coerência da conceituação do problema é que permitirão a identificação das suas causas prováveis. É importante que o líder seja, ao mesmo tempo, sensível e pragmático ao analisar a correlação das causas e problemas ou desvios no ambiente de trabalho.

3. **Identificação da(s) causa(s) mais provável(is) do(s) problema(s).**

   A análise atenta do líder permitirá que ele identifique algumas poucas causas que, de fato, deram origem ao(s) problema(s) e, portanto, direcionadoras das possíveis soluções. As demais causas identificadas devem ser consideradas complementares, muitas das quais serão eliminadas de forma indireta a partir das soluções que forem implementadas.

4. **Identificação das opções disponíveis para a solução do(s) problema(s).**

   As opções a serem consideradas devem estar necessariamente relacionadas às causas mais prováveis do(s) problema(s) ou desvio(s) identificado(s). As pessoas têm o péssimo hábito de buscar soluções de responsabilidade dos outros, ao estilo "isso não é minha responsabilidade" ou "quem criou o problema que o resolva". Esse é o tipo do comportamento contraindicado para você no exercício das suas atribuições. Ao contrário, a ocorrência de problemas no ambiente de trabalho representa uma excelente oportunidade para você mostrar a que veio, tanto para a empresa quanto para os seus liderados.

5. **Escolha da melhor alternativa para a solução do(s) problema(s).**

    Esta etapa é decisiva para a solução do problema já ocorrido e para a garantia de não reincidência. É um processo de tomada de decisão que, muitas vezes, não é de sua competência exclusiva, requerendo que seja compartilhado com outras áreas e outros profissionais. De qualquer forma, a boa técnica ensina que a base para a tomada de decisão é a utilização de um método racional que compare minimamente as vantagens, desvantagens e riscos das opções disponíveis.

É importante levar em consideração que você, como líder, estará sendo observado pelos seus liderados quando qualquer tomada de decisão os impacte, especialmente quanto à consistência, coerência e justiça. Como garantia da pertinência e qualidade da decisão você pode se valer de algumas perguntas complementares:

- A solução escolhida resolve, de fato, o(s) problema(s)?
- A solução escolhida não cria outros problemas? Quais?
- Existem soluções disponíveis para esses novos problemas?

Fechando o processo decisório, o último questionamento a ser considerado está relacionado à hipótese de que a opção escolhida não solucione o problema.

Se a alternativa escolhida não der certo, será possível adotar alguma das outras opções?

Se a resposta for negativa, é muito provável que a alternativa escolhida não seja a melhor opção. Isso é sempre considerado por um renomado líder e empreendedor brasileiro, que aconselha seus colegas a não entrar em um novo negócio sem antes se certificar da existência de uma porta de saída.

Os impactos dos aspectos disciplinares no ambiente de trabalho — prevenção e correção

Os aspectos disciplinares estão presentes na maioria de ocorrências do cotidiano das relações no trabalho. Entretanto, muitas vezes essa presença não é identificada ou não é considerada com a devida importância.

O caso a seguir relata uma dessas ocorrências e seus impactos numa empresa metalúrgica. Ele aconteceu quando realizávamos uma assessoria para a melhoria do ambiente de trabalho, incluindo a capacitação das lideranças operacionais.

> *Pedro era um competente operador de máquina nível II e tinha um bom relacionamento com os colegas. Ele foi colocado pelo líder operacional em tarefas antes atribuídas a um operador de máquina nível III durante o período de um mês, pois o cargo se encontrava vago. A intenção do líder operacional era testar Pedro naquela posição, com vistas a uma possível promoção futura. Para obter de Pedro uma atuação "espontânea", o líder operacional não lhe deu maiores explicações, apenas lhe informou que a medida era temporária, mas que, de qualquer maneira, poderia significar "um progresso para ele".*

No final dos 30 dias, o líder operacional já havia decidido que Pedro não era a pessoa indicada para ocupar o cargo de operador de máquina III, pelo menos por enquanto. Mais tarde, após algum treinamento, talvez. Entretanto, naquele período dois operadores de máquina III foram afastados por motivo de doença, e o líder operacional foi obrigado a manter Pedro no cargo durante mais um mês.

No final do segundo mês, o líder operacional avisou Pedro, na presença dos demais membros da equipe, que ele teria que voltar ao seu cargo de operador de máquina II, pois os operadores de máquina III afastados estavam prontos para retornar ao trabalho. Pedro reagiu instantaneamente, protestando em altos brados. O líder operacional chamou sua atenção. Foi pior. Pedro chamou-o de "safado", na frente dos colegas.

A "ficha-prontuário" de Pedro não registrava qualquer tipo de punição durante os três anos em que ele trabalhara na empresa. O assunto foi levado pelo líder operacional à área de recursos humanos, de onde veio a decisão de demitir Pedro por causa da ofensa ao seu superior imediato na presença dos colegas de equipe.

Foi considerada como relevante para a tomada de decisão a imagem negativa que a liderança ficaria perante a equipe, um mau exemplo que poderia ser repetido em outras situações similares. Não foram considerados outros aspectos igualmente relevantes, tais como a falha de comunicação do líder operacional, a falta de uma política mais clara de promoção ou mesmo o fato de que Pedro fora induzido, de forma inconsciente, a acreditar que sua promoção já era certa e, de repente, foi surpreendido com a notícia.

A reação dos colegas de equipe foi extremamente negativa, a princípio de forma velada. Na sequência, após outras ocorrências envolvendo o líder operacional, acabou sendo criado um ambiente insustentável para a sua permanência no cargo.

A empresa perdeu uma excelente oportunidade para rever suas políticas e procedimentos, e o líder operacional igualmente perdeu em não *aproveitar para resgatar o respeito e confiança da equipe na sua liderança. Afinal, um limão azedo de difícil ingestão se torna agradável ao adicionarmos cachaça, açúcar e gelo, utilizando-o para fazer uma excelente caipirinha.*

Não é difícil imaginar e aceitar que o líder operacional poderia ter conduzido um diálogo com Pedro e posteriormente com a equipe, buscando uma retratação mútua: o líder reconhecendo seu erro e Pedro reconhecendo sua reação exagerada. Certamente, todos eles — o líder operacional, Pedro, a equipe e a empresa — sairiam fortalecidos dessa crise setorial.

Os aspectos disciplinares no ambiente de trabalho contemplam, na maioria das ocorrências, como no caso anterior, questões negativas que podem manchar a gestão do líder operacional, seja por seus conteúdos ou pela maneira como são conduzidas e solucionadas. Não há como negar que o desfecho do caso de Pedro seguiu uma lógica disciplinar, prevista inclusive na legislação trabalhista e, portanto, válida.

O que faltou ao líder operacional, aos seus superiores e até à área de recursos humanos foi o uso da intuição e do bom senso, assim entendidos como sendo a capacidade de perceber e/ou pressentir consequências futuras, independentemente da racionalidade da análise e decisão.

O uso da intuição e do bom senso na solução de problemas, desvios e conflitos no ambiente de trabalho é uma ferramenta de gestão que você, líder operacional, poderá vir a utilizar, desde que se mantenha atento a cada situação. De forma simplificada, o bom senso na gestão de pessoas é o equilíbrio entre a aplicação das normas previstas, a realidade dos fatos e o comportamento pregresso do(s) colaborador(es) envolvidos nas ocorrências disciplinares. É importante aprender com cada uma delas, pois assim você acumulará experiências — positivas e negativas — capazes de desenvolver a sua intuição e aprimorar o uso do bom senso.

Exemplos de temas relacionados à indisciplina incluem: ausências injustificadas, atos de indisciplina, insubordinação, indolência na execução de tarefas, desleixo, negligência, não cumprimento de normas de medicina e segurança, furtos e ações que conflitam com as regras previstas no *compliance* da empresa.

Cuidar dos aspectos disciplinares é uma responsabilidade desagradável para qualquer líder, mas que não há como não assumir, sob pena de comprometer a confiança da equipe na liderança e nos resultados da gestão do setor. A sua exposição como líder perante os colaboradores é inevitável. Todos os seus comportamentos, atitudes, posturas, decisões estão sendo observadas e, como consequência, criticadas ou elogiadas. Da mesma forma, todas as suas omissões, ausências e indecisões também estão sendo observadas e avaliadas pela equipe.

Um dos aspectos relevantes que a equipe considera nas avaliações do líder é o senso de justiça na aplicação de penalidades. Um exemplo comum no dia a dia: abonar uma falta injustificada para um determinado empregado e não abonar para outro quando o motivo das ausências é igual ou similar. Se uma decisão desse tipo não estiver clara para os envolvidos, certamente a decisão será avaliada como injusta, protecionista e discriminatória.

Compete a você, líder operacional, se capacitar conhecendo o conteúdo das normas, meios de punição pelo seu não cumprimento e, o mais importante, os critérios e a forma de sua aplicação. No caso visto acima, recomendamos a utilização do bom senso, entendido como sendo o equilíbrio entre o fato ocorrido, as normas disciplinares e a vida pregressa do colaborador envolvido. Deve-se considerar se ele já foi punido anteriormente pelo mesmo motivo ou por outra razão similar, se o colaborador é cumpridor de suas obrigações etc.

Lembre-se de que quase toda penalidade aplicada no trabalho deve ter o objetivo de corrigir comportamentos inadequados, e não de meramente punir os infratores. Uma forma eficaz para se aplicar uma penalidade é por meio de um diálogo direto utilizando a técnica do feedback orientativo, que será explicada no Capítulo 4.

Entre as medidas disciplinares disponíveis, encontra-se a demissão do empregado que, por sua natureza e consequências, merece uma especial atenção.

Como demitir pessoas com dignidade e respeito

A demissão, assim como a admissão de um colaborador, representa o ato de maior importância das relações no trabalho, pois impacta a vida pessoal do demitido, o ambiente de trabalho, os colegas, a imagem da empresa. Portanto, trata-se de uma tarefa de alta complexidade e impacto e de responsabilidade do líder operacional, sendo, por isso, indelegável.

São basicamente três as etapas de um processo de demissão que vise assegurar a dignidade e o respeito ao colaborador. Afinal, se ao ser admitido ele foi recebido dessa forma — ingressando na empresa pela porta da frente —, é dessa maneira que ele deve sair.

A primeira etapa está relacionada ao processo decisório, que consiste em analisar a situação de uma forma ampla, com uma visão tão isenta quanto possível. Deve-se analisar desde a conceituação do problema e suas causas reais ou prováveis até a análise das opções e alternativas. Além disso, a decisão e a definição de medidas preventivas de novos problemas e de proteção à empresa também devem ser levadas em conta.

A segunda etapa se refere à informação da demissão. É sobre como o líder operacional irá comunicar o colaborador, assumindo a sua parcela de responsabilidade sobre a decisão tomada e atuando conforme a reação do demitido.

A terceira está voltada para os aspectos operacionais da demissão. Isso envolve a documentação, a devolução de materiais, exames médicos, entre outros. Esta etapa é de responsabilidade da área de recursos humanos e deve seguir a mesma linha de dignidade e respeito com o colaborador que está sendo desligado.

Uma etapa complementar, de igual relevância especialmente para o clima interno, é a comunicação da demissão aos colaboradores que permanecem na empresa. É uma demonstração de respeito à equipe, ocasião em que se deve estabelecer um novo contrato psicológico com o pessoal da equipe, ajustando regras de comportamentos e atitudes de ambas as partes.

Ademais, uma demissão sempre representa um custo significativo para a empresa, que pode ser agravado se a demissão for mal conduzida. Pesquisas indicam que uma das principais razões que motivam os colaboradores desligados a procurar a Justiça do Trabalho é quando o processo de desligamento ofende a dignidade do profissional, da pessoa e da família. Se o colaborador entrou na empresa pela porta da frente, é por lá que ele deve sair. Casos excepcionais devem ser tratados como exceção.

Assédio e dano moral no ambiente de trabalho — um novo e crescente desafio

O assédio moral é um fenômeno psicossocial presente, de forma intencional ou não, no cotidiano das relações do trabalho, cuja prática é considerada pela Justiça do Trabalho como uma violência moral. Esse tema vem sendo tratado com mais rigor pela legislação e pela Justiça do Trabalho há alguns anos e tem sido objeto de denúncias e reclamações, constituindo-se de expressivos passivos trabalhistas.

Comumente essa prática é denunciada como sendo praticada pelo líder operacional em relação aos liderados. Em menor intensidade, a denúncia está imputada a outros níveis da hierarquia e aos próprios colegas de trabalho.

É uma forma de conflito extremo e mal resolvido que, ao não ser solucionado inicialmente, vai se degenerando até se transformar em uma perseguição obstinada do agressor em direção à vítima. Trata-se de uma violência moral por meio de um comportamento negativo do assediador em relação ao assediado, uma forma repetida e sistemática de constrangimento e/ou agressão. Essa prática é caracterizada pelo uso repetitivo de palavras, atos, gestos ou documentos que podem agredir a personalidade, a dignidade, a integridade física ou moral do ofendido, limitando o serviço e degradando o clima social no ambiente de trabalho.

Quando praticado pelo líder operacional representante legal da empresa, o eventual ressarcimento, pecuniário e indenizatório, causado pelo dano moral e atribuído pela Justiça do Trabalho é de responsabilidade do empregador. Entretanto, a eventual responsabilidade criminal e suas consequências, atribuída pela justiça, recai sobre a pessoa que praticou o assédio moral. Nesse caso, a maior exposição a esse risco é do líder operacional, responsável pelo contato direto e permanente com os colaboradores.

O assédio sexual no ambiente de trabalho, previsto na mesma legislação e com consequências similares, se caracteriza pela prática da intimidação, submissão, piadas, grosserias, comentários sobre a aparência física e vestuário.

> *Certa vez fomos contratados por uma empresa de call center com o objetivo de treinar as lideranças operacionais de suas áreas e setores quanto às boas práticas no cotidiano das relações no trabalho. A referida empresa havia assinado um Termo de Ajustamento de Conduta (TAC) perante o Ministério Público do Trabalho, em decorrência de denúncias constatadas por fiscalizações específicas.*
>
> *Durante o treinamento, que demorou alguns meses para ser concluído devido à quantidade de funcionários a serem treinados, ocorreu um fato que causou grande impacto nos líderes operacionais. Um desses líderes, em razão da gravidade da prática do assédio moral, foi condenado criminalmente a uma pena de reclusão após o julgamento de um processo na Justiça do Trabalho. O que mais chamou a atenção é que a sua prisão ocorreu de forma coercitiva, durante o horário normal de trabalho. Ele foi algemado e levado pela polícia, à vista de todos, criando uma situação constrangedora no ambiente de trabalho.*

É importante salientar que a maioria dos fatores que caracterizam o assédio no trabalho é subjetiva — alguns deles extremamente subjetivos. Como tais, estão sujeitos a interpretações, tanto dos envolvidos quanto dos fiscalizadores e julgadores. Esse fato, por vezes, cria um dilema para o líder operacional, qual seja, manter a ordem e a disciplina no ambiente de trabalho ou correr o risco de ser acusado ou até mesmo cometer assédio moral.

Nesse sentido, compete a você, líder operacional, se interessar e conhecer o tema com a profundidade e extensão devidas, de modo a se manter alerta em relação às suas atitudes, comportamentos e posturas ao tratar de questões cotidianas com os colaboradores sob sua responsabilidade, especialmente aquelas de caráter disciplinar. A prática do diálogo e o feedback no ambiente de trabalho deve ser pautada pelo respeito ao colaborador envolvido, mesmo que haja desrespeito pela parte dele. Quando há a possibilidade de reações agressivas, verbais ou físicas, por parte do colaborador envolvido, isso deve ser considerado no planejamento da ação e de acordo com as normas e orientações internas.

Os inúmeros desafios de gestão do ambiente de trabalho e respectivos esforços para superá-los capacitam e empoderam o líder operacional para a complexa e nobre tarefa de engajar a equipe de trabalho, no geral, e cada colaborador, em particular, nos valores, objetivos e metas da empresa e setoriais, tema do próximo capítulo.

CAPÍTULO 3

A força do líder para fazer acontecer o engajamento dos colaboradores nos objetivos e metas setoriais

Figura 1 • Atributos da liderança

Promover o engajamento das pessoas em algum propósito ou objetivo não é tarefa simples tampouco para amadores. Manter o engajamento de forma permanente é mais complexo ainda, considerando que todas as variáveis que envolvem o tema estão em permanente mudança.

Há no novo ambiente de negócios uma dinâmica cada vez mais acelerada do desenvolvimento tecnológico — em especial dos meios de comunicação —, uma necessidade permanente do aumento da competitividade para fazer frente à concorrência mais acirrada e mais globalizada. Dessa forma, as mudanças provocadas pelas inovações, crises e cisnes negros de toda ordem fazem com que o engajamento de todos com os objetivos e metas da empresa se torne uma ferramenta de gestão obrigatória, e não apenas um desejo da alta administração ou uma meta da área de recursos humanos.

Crises periódicas têm acontecido ao longo do tempo. Nos anos de 2020 e 2021, por exemplo, o Brasil e o mundo foram surpreendidos pela crise de saúde causada pela Covid-19. Crises como essa e de outras naturezas — tais como econômica, social, política — causam um abalo muito forte nas relações de trabalho.

Essa situação conjuntural reforça e consolida a ideia de que, para a manutenção de um ambiente de trabalho saudável, harmônico e produtivo, capaz de dar conta de tais desafios citados, o engajamento dos colaboradores é um requisito fundamental. E você, como líder operacional, arca com uma parcela importante dessa responsabilidade. Entretanto, o envolvimento e o comprometimento são condições absolutamente necessárias, mas insuficientes para se chegar ao engajamento dos colaboradores.

Engajar é ir além. É fazer com que cada um assuma, de forma consciente e espontânea, uma ideia, um projeto, uma meta, fazendo com que ela aconteça e gere os resultados planejados. Engajar é fazer com que cada pessoa compartilhe os esforços necessários para que o que foi planejado aconteça e, em contrapartida, receba sua parte dos méritos e dos benefícios quando os resultados acontecem. O engajamento dos colaboradores será uma prova inequívoca da conquista da autoridade moral e de uma relação de confiança mútua estabelecida, outorgadas pela equipe ao líder operacional.

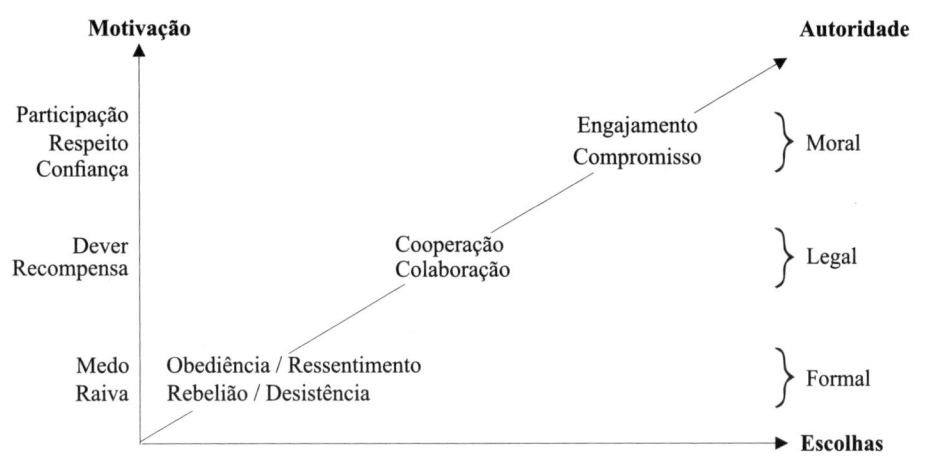

Figura 2 • Exercício da autoridade do líder operacional

E como é possível promover o fenômeno do engajamento dos colaboradores da sua equipe?

Empresas com altos níveis de engajamento de sua força de trabalho contam com um conjunto de, pelo menos, quatro pré-requisitos interdependentes, mas fundamentais:

- Boas políticas de recursos humanos definidas, divulgadas e assimiladas.
- Uma liderança preparada e comprometida.
- A prática de uma comunicação aberta e receptiva.
- Um ambiente de trabalho saudável, harmônico e produtivo.

A conquista do engajamento dos colaboradores é um objetivo que compete a você, líder operacional, e deve ser incorporado ao seu cotidiano. Esse objetivo contempla quatro atribuições básicas:

1. Conhecer, entender e assumir o *ethos* da empresa.
2. Conhecer, entender e respeitar os colaboradores de sua equipe como cidadãos, profissionais e chefes de família, ou seja, como um grupo social com características próprias.
3. Negociar individualmente, com cada colaborador, um contrato interpessoal de trabalho, definindo regras para as relações no trabalho.
4. Entender os desejos e as expectativas dos colaboradores, e buscar alinhá-los da melhor forma possível ao *ethos* da empresa.

Ethos Empresarial
- O que é
- O que quer
- O que não quer
- O que oferece

Grupo Social
- O que é
- O que quer
- O que não quer
- O que oferece

ENGAJAMENTO

Empresa
- Missão
- Visão
- Valores
- Objetivos
- Metas
- Práticas
- Usos e costumes

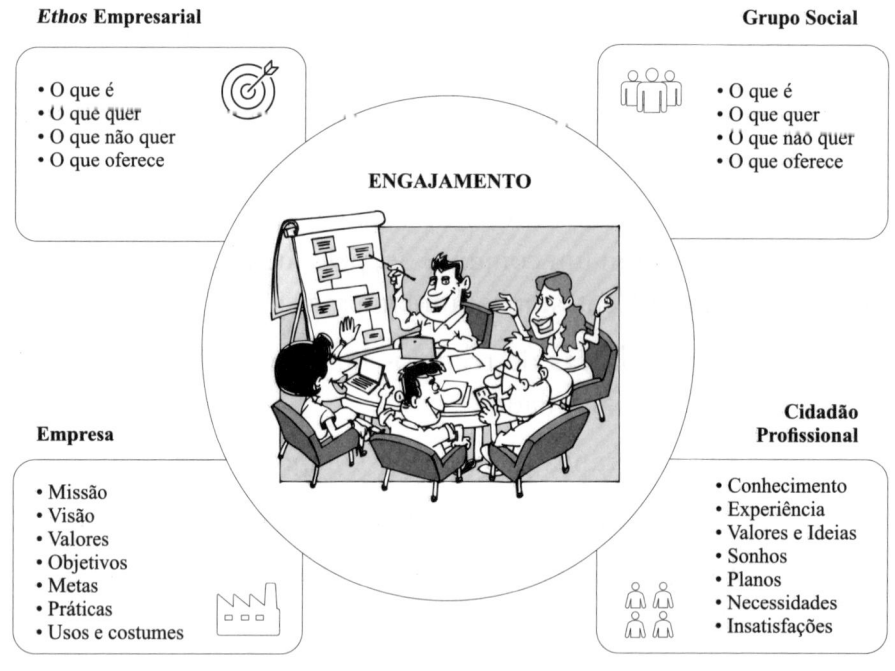

Cidadão Profissional
- Conhecimento
- Experiência
- Valores e Ideias
- Sonhos
- Planos
- Necessidades
- Insatisfações

Figura 3 • Processo de engajamento da equipe

Como primeira atribuição, você deverá conhecer e se autoconvencer sobre os propósitos da empresa e da sua área. Para isso, deve levar em consideração a sua missão, visão, valores, objetivos, metas, práticas e, em especial, seus usos e costumes. Alguns desses aspectos estão definidos pelas empresas e até publicados nos jornais internos, quadros de avisos e murais. Na prática, o que se observa é que, depois de algum tempo, quando veem essas publicações, os colaboradores não mais as enxergam, pois elas não lhes dizem respeito. Não conseguem perceber que esse conjunto de valores representa o *ethos* empresarial, seus costumes, comportamentos e cultura, próprios de cada unidade operacional, numa determinada região.

Compete a você conhecer, entender e assimilar o *ethos* da empresa e, mais especificamente, aplicar à sua área e setor de trabalho. Na prática isso significa saber comunicar aos colaboradores o que a sua área e seu setor se propõem a realizar, baseado em quais princípios e regras, com quais recursos e em quanto tempo. O mesmo vale para os comportamentos e atitudes desejáveis e indesejáveis, individuais e coletivas, considerando a equipe como um todo.

Adicionalmente, os colaboradores devem ser informados, sensibilizados e estimulados, especialmente no tocante ao que é oferecido em contrapartida, como recursos e benefícios diretos e indiretos, como alertado por Jack Welch "(...) as pessoas odeiam mudanças. O líder precisa explicar o que as pessoas vão ganhar em função da mudança".[1] Não basta supor que essas informações são óbvias e já do conhecimento dos colaboradores. É necessário ter a certeza de que foram entendidas e assimiladas, de modo que

---

[1] WELCH, Jack. Paixão por vencer. Rio de Janeiro: Elsevier, 2005.

cada um e a equipe, como um todo, passem a agir em consonância com eles.

A sua segunda responsabilidade, como líder operacional, é conhecer e entender com quem está trabalhando, ou seja, é importante que você conheça cada membro da sua equipe de colaboradores.

Ao contratar um colaborador, a empresa se baseia prioritariamente na sua formação, conhecimento e experiência. Entretanto, ao serem admitidos, os colaboradores trazem consigo suas necessidades, valores, ideais, planos, sonhos, frustrações e insatisfações. Essa bagagem faz parte de suas vidas, e não é possível deixá-la pendurada num cabide ou no armário do vestiário. Eles a levam consigo para o local de trabalho.

É preciso entender e aceitar que cada colaborador é, ao mesmo tempo, um cidadão, um pai de família e um profissional. Como tal, ele vai agir, reagir e interagir no ambiente de trabalho. Ele vai, junto com seus colegas, constituir um grupo social específico, com características próprias. E essas características vão se perpetuando ao longo do tempo.

Portanto, compete a você, como líder, conhecer e entender minimamente como é o grupo social sob sua responsabilidade — seus desejos, necessidades e expectativas.

Ao realizar um trabalho de assessoria junto a uma empresa do ramo metalúrgico que enfrentava grandes dificuldades com o sindicato laboral da região — que era extremamente radical em seus posicionamentos e ações, por ocasião dos processos anuais de negociação coletiva —, nos deparamos com uma situação inusitada. Os líderes operacionais da empresa, apoiados pelos respectivos gerentes e diretores, não se envolviam, tampouco se comprometiam, com os processos de negociação coletiva,

> *deixando essa responsabilidade por conta da área de recursos humanos e relações trabalhistas e sindicais.*
>
> *Estranhamente, os líderes contavam com o compromisso quase irrestrito dos colaboradores com a produtividade e qualidade dos produtos fabricados. Os líderes operacionais identificaram que os colaboradores estavam dispostos a oferecer seus melhores esforços em prol da produtividade e qualidade dos produtos, mas não queriam ser incomodados pelo radicalismo dos seus dirigentes sindicais. Por isso, eles não se envolviam nos processos de negociação coletiva, que eram sempre conflituosos.*
>
> *Esse posicionamento — que acabou se transformando num tabu — resultava sistematicamente no não fechamento do acordo coletivo e encaminhamento do processo para o dissídio coletivo. Demoravam meses até se chegar a uma decisão imposta pela Justiça do Trabalho, que, invariavelmente, não agradava à empresa, ao sindicato e aos colaboradores. Só foi possível reverter a situação por meio de um programa estruturado de sensibilização, capacitação, envolvimento e comprometimento das lideranças operacionais em relação aos processos de negociação coletiva.*

É sua responsabilidade, como líder operacional, descobrir o que o grupo quer e o que não quer para executar o trabalho de forma adequada para o qual foi contratado. E mais, descobrir sobre o que o grupo está disposto a oferecer para a empresa — que vai além do contrato formal de trabalho.

▪ Contrato interpessoal de trabalho

Outra atribuição, igualmente importante, do líder operacional consiste em negociar individualmente com cada colaborador um contrato interpessoal de trabalho. Este deve definir regras para as relações de trabalho cotidianas, por meio das quais serão asseguradas condições mútuas para o desempenho eficaz das funções de cada um. Esse contrato tem como base conceitual o contrato psicológico, assim entendido como aquele que vai além do contrato de trabalho formal.

O contrato de trabalho formal é definido pela empresa com base na legislação trabalhista vigente e estabelece obrigações e condições básicas, tanto para o colaborador quanto para a empresa, como local de trabalho, função, salário, horários, jornadas, datas de pagamento etc. Já o contrato interpessoal de trabalho é resultante de uma negociação entre o colaborador e o líder operacional. Ele estabelece obrigações mútuas, tanto do colaborador para com o líder — disponibilidade, qualidade do trabalho realizado, prazos de entrega, treinamento, orientação, disponibilização de informações, definições de prioridades e prazos, fornecimento de recursos e autonomias necessárias.

Uma condição necessária ao líder operacional para realizar um contrato interpessoal de trabalho com o colaborador consiste em abdicar do uso de comportamentos passivos e agressivos, tais como: ver coisas erradas e pouco fazer para acertá-las; menosprezar a opinião dos colaboradores; manter um relacionamento fechado ou mascarado; isentar-se de responsabilidades intrínsecas da função; ou ainda utilizar a imposição como método para a solução de problemas do cotidiano. Ao contrário, ele deve substituí-los por comportamentos assertivos, como: estimular naturalmente a contribuição recíproca; ouvir e respeitar as opiniões, ainda que contrárias; manter relacionamentos abertos e honestos; assumir responsabilidades conjuntas; negociar diferenças e solucionar problemas.

Outra condição fundamental para a eficácia do contrato interpessoal de trabalho é o respeito e a confiança mútua.

Figura 4 • Negociando contribuições recíprocas

O respeito e a confiança entre o líder operacional e seus colaboradores — tanto de forma individual quanto em relação à equipe de trabalho como um todo — são, ao mesmo tempo, condição e resultado do contrato interpessoal de trabalho.

O contrato interpessoal de trabalho é desenvolvido com base em valores, comportamentos e atitudes que vão além do conhecimento técnico das funções exercidas pelo colaborador e do cumprimento de prazos das tarefas sob sua responsabilidade. São eles: a disposição, a franqueza, a honestidade e a transparência. Na prática, o contrato interpessoal de trabalho é negociado e estabelecido com base em padrões de exigências e contribuições entre o líder e o colaborador, em que cada qual define previamente o que irá exigir e oferecer ao outro e sob quais condições, tendo como objetivo comum as respectivas recompensas.

Alguns exemplos de padrões de exigências e ofertas na negociação de um contrato interpessoal de trabalho entre líder e liderado:

- Comportamentais: respeito, confiança, disposição, disponibilidade, franqueza, honestidade, transparência.

- Técnicos: volumes de produção, indicadores de produtividade e qualidade, prazos de entrega, inovações.

- Administrativos: custos, aproveitamento do tempo, respeito às políticas, às normas e aos procedimentos, saúde e segurança.

- Psicológicos: reconhecimento, autoestima, convívio e relacionamento.

Ao estabelecer um contrato interpessoal de trabalho, vale considerar que a dinâmica do cotidiano das relações no trabalho provocará desequilíbrios naquilo que foi negociado e contratado. Compete ao líder identificar e atuar sobre as causas dos desequilíbrios, minimizando ou eliminando suas consequências.

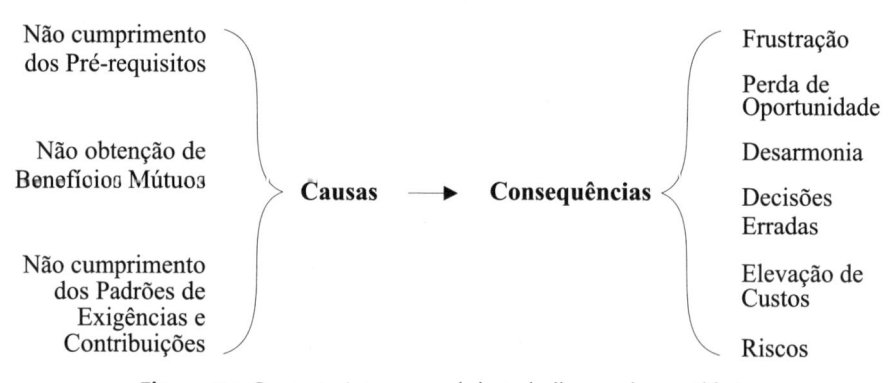

```
Não cumprimento                                    Frustração
dos Pré-requisitos
                                                   Perda de
                                                   Oportunidade
Não obtenção de                                    Desarmonia
Benefícios Mútuos   } Causas  →  Consequências {
                                                   Decisões
                                                   Erradas
Não cumprimento
dos Padrões de                                     Elevação de
Exigências e                                       Custos
Contribuições
                                                   Riscos
```

Figura 5 • Contrato interpessoal de trabalho — desequilíbrio

Dependendo das causas que originaram os desequilíbrios, o líder deverá avaliar objetivamente três opções para o reequilíbrio do contrato interpessoal de trabalho:

1. Renegociá-lo.
2. Rescindi-lo.
3. Nivelá-lo por baixo.

A renegociação do contrato é sempre a melhor alternativa, pois restabelece a harmonia da relação, mostra aos outros colaboradores como serão tratados em situações similares e fortalece a prática do respeito e confiança no ambiente de trabalho.

A rescisão do contrato tem um impacto mais contundente e é, por vezes, indicada. Isso dependerá das causas do problema que originaram a situação, por exemplo, um ato de agressão deliberado a alguém ou danos a algum equipamento. A alternativa de rescindir o contrato deve ser, sempre que possível, evitada, mas nem por isso não pode deixar de ser considerada, pois a sua não adoção poderá impactar sobremaneira o ambiente de trabalho. Vale lembrar que você está permanentemente sob observação e julgamento de toda a equipe.

O nivelamento por baixo em casos de desequilíbrio do contrato interpessoal de trabalho ocorre quando você deixa de investigar e avaliar as suas causas e/ou não toma as providências necessárias de forma oportuna.

No caso da empresa metalúrgica relatado anteriormente, havia um nítido contrato interpessoal de trabalho firmado entre líderes e liderados, ainda que informal. Entretanto, estava focado quase que exclusivamente na produtividade e na qualidade dos produtos. Como consequência, esse contrato não estava em equilíbrio, em razão da não participação consentida dos colaboradores nos processos de negociação coletiva, como se isso não impactasse o ambiente de trabalho. Na prática, o contrato interpessoal de trabalho se encontrava nivelado por baixo, o que o transformou em um tabu. Esse tabu foi possível de ser quebrado somente a partir do convencimento das lideranças operacionais e da renegociação do contrato interpessoal de trabalho entre os líderes e liderados.

Ao manter os contratos interpessoais de trabalho com os seus colaboradores ativos e em equilíbrio, você construirá bases duráveis para a sua sustentação. Além disso, minimizará drasticamente os conflitos naturais da relação e agregará valor e benefícios para que o ambiente de trabalho seja saudável, harmônico e produtivo.

■ Entender os desejos e as expectativas dos colaboradores como forma de empoderamento do líder operacional

As centenas de diagnósticos realizadas ao longo dos últimos anos em ambientes de trabalho de diferentes empresas, em diferentes circunstâncias, nos permitiram conhecer e entender, com bastante precisão, os desejos e expectativas do trabalhador típico brasileiro. E esse é um conhecimento que pode ser adquirido por você, líder operacional, e que será de grande utilidade para o exercício da sua liderança perante seus liderados.

A sequência da apresentação desses desejos e expectativas obedece a uma certa ordem de importância e prioridade por parte dos trabalhadores com os quais tivemos oportunidade de conviver e dialogar. Essa ordem foi obtida por meio de diagnósticos do ambiente de trabalho e de programas de capacitação das suas lideranças operacionais:

- **Ganhar mais dinheiro**

    Mais do que um desejo ou expectativa, a necessidade de ganhar mais dinheiro — de forma direta via remuneração, ou indireta via benefícios — coloca esse item em primeiro plano, especialmente em situações de crise, ocasião em que os dirigentes empresariais se veem obrigados a apertar o cinto e cortar as despesas.

Dois fatos de nosso conhecimento retratam com propriedade o senso de percepção dos colaboradores.

O primeiro ocorreu numa empresa que tinha um hábito muito comum de realizar reuniões anuais com os colaboradores. O objetivo era informar os resultados do período passado e apresentar os desafios e orientações para o período futuro. Numa dessas reuniões, o diretor da empresa, encarregado da apresentação dos desafios e orientações para o próximo ano, conduziu a exposição com base nos resultados insuficientes de cada indicador, citando, ao final, que para o próximo ano seria necessário "apertar o cinto".

Após primeira citação "apertar o cinto", um colaborador presente — conhecido por seu comportamento espirituoso — levantou-se com um furador na mão e fez mais um furo em seu cinto, o que provocou sorrisos discretos e silenciosos.

Na apresentação do quinto ou sexto indicador, o colaborador espirituoso ergueu a mão para o diretor dizendo que o cinto não tinha mais espaço para ser apertado, provocando gargalhadas dos colegas e do próprio diretor.

O segundo fato ocorreu em Minas Gerais, na região da grande Belo Horizonte, quando uma empresa especializada realizou uma pesquisa de rua entre os trabalhadores com carteira de trabalho assinada. A pesquisa continha somente duas perguntas. A primeira delas tinha o intuito de saber se o pesquisado estava satisfeito com o salário que ganhava. Obviamente as respostas foram negativas quase na totalidade. As pouquíssimas respostas positivas ficaram mais para justificar o conceito de que toda regra tem exceções que a confirmam.

A segunda pergunta questionava o respondente sobre qual percentual de reajuste do seu salário seria necessário para deixá-lo satisfeito. As respostas surpreenderam aqueles que pouco conheciam sobre o perfil da maioria dos trabalhadores brasileiros. As respostas citavam baixos percentuais, ao redor de 5, 10, 15 ou 20%. Alguns poucos excediam esses valores. Conste que na época da pesquisa a inflação anual se encontrava na casa de dois dígitos — um pouco acima de 10%.

Essa pesquisa indicou que os trabalhadores têm consciência da realidade e sabem exatamente quais são as limitações das empresas que as impedem de atender a suas reivindicações — muitas vezes justas.

- **Ser respeitado**

    São várias as formas de desrespeito percebidas pelos colaboradores que são praticadas pelo líder operacional em relação a eles. Elas vão desde a falta de um cumprimento, de uma saudação, de um reconhecimento, de uma orientação precisa, até tratamentos desagradáveis e inoportunos resultados da perda do controle emocional. Essas formas de desrespeito são muito evidentes e fáceis de serem percebidas e corrigidas.

    A dinâmica do cotidiano do ambiente de trabalho propicia a prática de comportamentos e atitudes desrespeitosos, assim percebidos pelos colaboradores, o que requer atenção.

    O distanciamento ou isolamento de um ou mais colaboradores é uma atitude típica de desrespeito. Quando o contrato interpessoal de trabalho, ainda que informal, não se encontrar em equilíbrio ou não estiver funcionando em decorrência de condutas do colaborador, o mais indicado é a rescisão.

Além disso, não oferecer oportunidades de crescimento profissional, em igualdade de condições, representa um desrespeito aos colaboradores preteridos.

Comportamentos e atitudes dessa natureza, além do prejuízo direto ao ambiente de trabalho, implicam em riscos trabalhistas, pois podem ser considerados assédio moral.

- **Entender o significado das coisas**

    Uma das situações que mais constrange ou revolta um colaborador e que o faz perder a confiança é receber uma notícia interna — por meio da área de comunicação, recursos humanos ou mesmo de seu líder operacional — que destoa daquilo que ele sabe ou que está presenciando.

Durante uma das inúmeras crises empresariais nas quais atuamos como consultores, a direção tomou uma série de decisões no sentido de cortar despesas durante o exercício fiscal. O corte ia desde os pequenos, como a redução dos itens de limpeza, até aumentar o prazo de reposição de peças dos equipamentos não primordiais ou mesmo adiar a implantação de novos projetos.

Tendo em conta a importância da informação a ser repassada aos colaboradores, o diretor de uma das fábricas reuniu o pessoal do turno da manhã ao término do expediente e explicou a necessidade de todos apertarem o cinto. Ele alegava que havia uma redução das margens de lucro dos principais produtos da empresa. Entretanto, o diretor entrava em detalhes, pois considerava que a maioria dos colaboradores não teria conhecimento suficiente para compreender termos como balanço patrimonial, resultados etc.

O pessoal saiu da reunião sem entender exatamente o que o diretor havia comunicado, a não ser que teriam que apertar o cinto e gastar menos. Obviamente, a notícia se espalhou rapidamente por toda a fábrica.

A reunião seguinte foi com o turno da tarde. Quando o diretor terminou a explanação, um colaborador que trabalhava no setor de faturamento, responsável pela emissão das notas fiscais, pediu a palavra e perguntou: "Como é possível a redução da margem de lucros, se os preços de todos os produtos estavam sendo reajustados quase que mensalmente?"

Felizmente, o diretor teve sensibilidade e habilidade na condução da reunião no sentido de explicar detalhadamente e numa linguagem acessível — o que nunca havia feito antes — como funcionava o sistema de precificação dos produtos e sua relação com a apuração de lucros da empresa.

Numa outra ocasião, uma empresa do ramo de autopeças vinha aplicando uma série de medidas de contenção de despesas. Entre elas estava o adiamento na substituição de peças dos equipamentos, atrasos na manutenção de itens não essenciais (como a não reposição de chuveiros dos vestiários) e redução dos trajetos dos ônibus fretados, fazendo com que os colaboradores tivessem que caminhar mais até suas residências. As informações da direção tratavam de medidas necessárias frente à crise pela qual passava a empresa, com os negócios em baixa — o que, de fato, era perceptível pelos colaboradores.

Num determinado dia, quando os colaboradores estavam chegando ao trabalho, durante a troca do primeiro para o segundo turno, um caminhão cegonha entrou pela portaria transportando cinco carros de luxo. Certamente, aquilo chamou a atenção de todos. Como o estacionamento ficava próximo do local da marcação do ponto, um grupo de empregados parou para observar um dos carros. Foi quando alguém comentou que se tratava da renovação da frota de carros da diretoria.

> Não foi necessário mais do que alguns minutos para o início de comentários que se espalharam por toda a fábrica, gerando uma revolta generalizada. Essa situação perdurou e se agravou nos dois dias seguintes, até chegar ao conhecimento da diretoria. Esta decidiu devolver os veículos e informar os empregados, evitando uma paralisação anunciada pelo sindicato.

Em ambos os casos mencionados, a realidade observada, percebida e sentida pelos colaboradores se opunha frontalmente às medidas em fase de implementação, impactando diretamente o grau de confiança na empresa e na liderança operacional. Na mente individual e coletiva dos colaboradores a conta não fechava, e a sensação era que estavam sendo enganados.

- **Partilhar o sucesso da empresa**

    Em inúmeros diagnósticos do ambiente de trabalho que realizamos, inclusive naqueles que apresentavam grande quantidade de queixas e reclamações, os participantes invariavelmente mencionavam, de forma espontânea, que gostavam de trabalhar na empresa, reconhecendo as coisas boas. E mais, que sentiam orgulho em trabalhar na empresa, reconhecendo que, por meio daquele emprego, podiam planejar suas vidas em termos profissionais, pessoais e familiares. Isso incluía planos como: continuar os estudos, adquirir uma residência, garantir a formação dos filhos, viajar e conhecer lugares.

Essa era e ainda é a grande oportunidade para um resgate da credibilidade da empresa e do líder operacional perante os colaboradores.

- **Trabalhar em paz**

Nossa longa vivência como consultores, salvo algumas exceções, indica que o perfil médio dos trabalhadores brasileiros apresenta a busca de uma convivência pacífica com os empregadores. Os trabalhadores enxergam, percebem e avaliam seus empregos através de duas grandes janelas.

Através da primeira delas, enxergam e avaliam as políticas e práticas da empresa, especialmente aquelas que lhes dizem respeito diretamente, como os salários, benefícios, serviços e condições de trabalho.

Através da segunda janela, enxergam e avaliam comportamentos e atitudes dos líderes operacionais. Eles veem seu senso de justiça, sua capacidade de comunicação e o respeito e a confiança demonstrada perante a equipe.

Quando uma ou ambas janelas estão fechadas, emperradas ou com os vidros sujos, impedindo que percebam claramente as coisas boas proporcionadas pelo emprego, suas mentes, individual e coletiva, ficam vulneráveis ao assédio de uma minoria de colegas insatisfeitos ou de lideranças formais ou informais mal-intencionadas. A oportunidade de contar com o apoio da boa índole do trabalhador brasileiro representa um privilégio do qual o líder operacional não deve abrir mão, sob pena de prejudicar sobremaneira sua gestão.

Fazer acontecer — uma ferramenta de gestão a serviço do líder operacional

Mais do que um desejo ou uma expectativa, a competência para fazer acontecer o que está planejado é uma ferramenta de gestão no cotidiano das relações no trabalho necessária ao líder operacional nas empresas modernas, especialmente em algumas situações que contemplam grandes desafios a serem superados.

O conceito básico do fazer acontecer está condicionado à existência de três requisitos.

Os dois primeiros, implícitos e dependentes do próprio líder operacional, consistem em saber e querer. Se o líder não sabe e não quer fazer o que tem que ser feito, será um desastre, pois nada acontecerá, conforme apresentado no quadrante I da figura a seguir.

Se o líder sabe fazer, mas não quer fazer, também nada acontece. Isso é um desperdício, uma perda de tempo (quadrante II).

Se o líder quer fazer, tem disposição para tal, mas não sabe e não está preparado, igualmente nada vai acontecer. Isso apenas provocará nele próprio um sentimento de angústia e incompetência (quadrante III).

O resultado positivo, quando o fazer acontecer se concretiza, somente poderá ocorrer quando o líder operacional souber e quiser (quadrante IV).

Entretanto, essas duas condições são necessárias, mas insuficientes. Aí é que entra o requisito explícito: você, como líder, deve dispor do poder para fazer acontecer.

O detalhe é que, como na vida tudo tem o seu preço, esse poder tem que ser conquistado. Perante os superiores, para obter a delegação necessária, e perante a equipe, para obter a concordância para agir como seu legítimo representante, podendo assumir compromissos e desafios em seu nome.

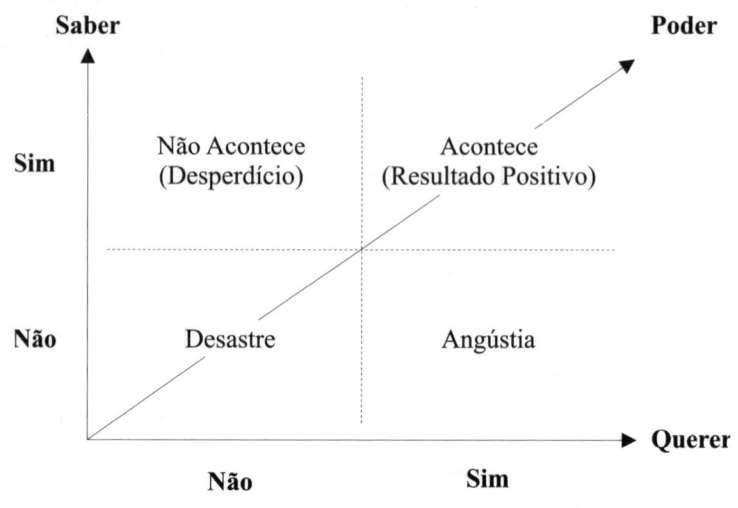

Figura 6 • Fazer acontecer — requisitos e resultados

Para se alcançar o requisito do saber, você deve partir de uma visão geral do sistema de trabalho no qual está inserido, das funções ou atividades que trabalham em conjunto e para quais objetivos. Deve ter também uma noção clara e distinguir as funções ou atividades desnecessárias, que emperram ou não contribuem para a melhoria do sistema. Além disso, deve interpretar as variações e seus impactos sobre os processos e as pessoas, identificando causas comuns — aquelas repetitivas, constantes e muitas vezes não perceptíveis — e causas especiais — que desencadeiam mudanças bruscas, na maior parte das vezes prontamente perceptíveis.

Compete a você definir e dividir com a equipe objetivos e metas que irão contribuir com o sistema como um todo.

Para a consecução do fazer acontecer, aprendemos e desenvolvemos alguns conceitos úteis, que são:

- Copiar um exemplo de sucesso sem compreendê-lo pode levar ao fracasso ou desastre.
- Pessoas têm ideias e visões diferentes a respeito do que conta e do que não conta.
- As pessoas são diferentes umas das outras — empresas e dirigentes insistem na hipótese de que todas são iguais.
- As pessoas aprendem de maneiras diferentes — lendo, ouvindo ou observando.
- As pessoas nascem com uma inclinação natural para aprender e inovar.
- A motivação extrínseca, usualmente imposta pela estrutura da empresa, pode acabar com a motivação intrínseca — a automotivação.
- Existe nas pessoas uma necessidade inata de autoestima e respeito.

Comportamentos negativistas sempre estarão presentes no ambiente de trabalho, em todos os níveis da organização. Eles constituem uma barreira para o fazer acontecer e exigem de você, como líder de equipe, o desenvolvimento de dois atributos para superá-los: paciência e perseverança.

Quem já não presenciou comportamentos e atitudes como:

- "Na teoria, tudo parece muito bonito, mas, na hora de fazer, as coisas não funcionam..."
- "As pessoas em nossa empresa ainda não estão preparadas para mudanças tão radicais; tudo isso é muito avançado..."

- "Não há clima em nossa empresa para falar dessas coisas..."
- "Temos coisas mais urgentes do que isso para pensar, isso nada tem a ver com os resultados do mês..."

Isso não passa de comportamentos e atitudes protelatórias que impedem a evolução do ambiente de trabalho e estão entre as principais causas da improdutividade e, como tais, devem ser motivo de sua permanente preocupação.

Se há o exercício constante da compreensão do sistema e dos processos de trabalho, entre você e a sua equipe, qualquer mudança, por mais revolucionária que possa parecer, será recebida naturalmente, em tempo e compasso com a realidade. Entretanto, nenhuma ação pode ser levada a cabo, se não há visão geral do sistema e suas interações.

Comportamentos e atitudes dos membros da equipe devem ser acompanhados, reavaliados e reorientados sob uma ótica crítica, como fatores dificultadores ou facilitadores para a compreensão do sistema e suas interações. Uma das principais expectativas dos diretores e gestores da empresa em relação à sua atuação, como líder operacional, dependerá de como você irá preparar e conduzir a equipe para alcançar os resultados planejados, ou seja, as metas setoriais.

Por sua vez, para o cumprimento desses objetivos, você dependerá de cinco condições que devem ser mantidas de permanentemente e em equilíbrio:

1. **Metas** — claramente definidas, divulgadas e assimiladas.
2. **Competência** — individual e coletiva.

3. **Incentivo** — à motivação individual e coletiva.
4. **Ferramentas** — de gestão, em especial a comunicação aberta e receptiva.
5. **Plano de ação** — construído e compartilhado com a equipe.

A falta de uma ou mais dessas condições provocará resultados impeditivos para o alcance da plena realização e atingimento das metas setoriais.

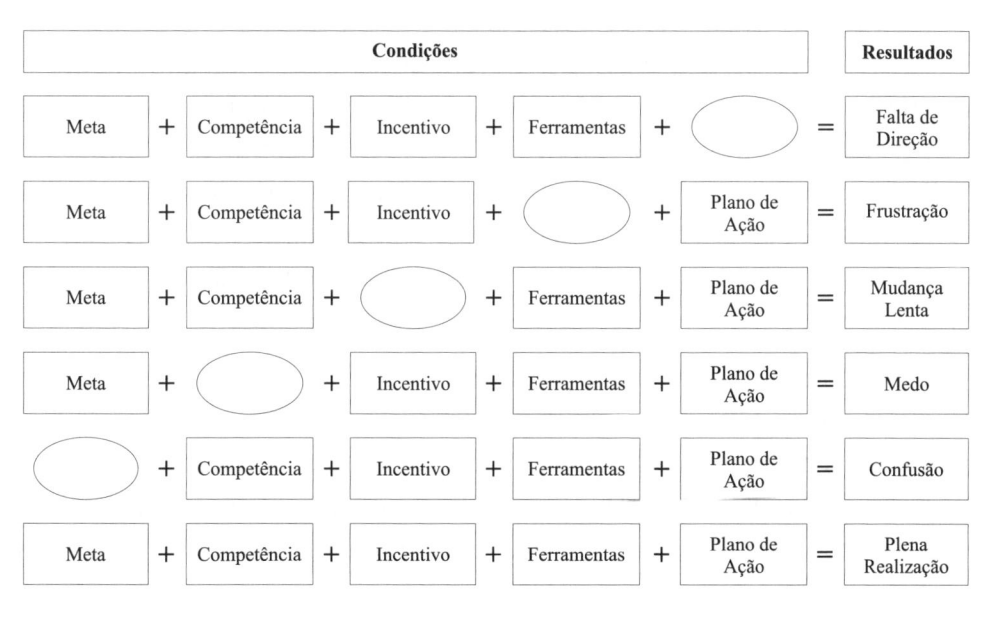

Condições					Resultados
Meta + Competência + Incentivo + Ferramentas + ○					= Falta de Direção
Meta + Competência + Incentivo + ○ + Plano de Ação					= Frustração
Meta + Competência + ○ + Ferramentas + Plano de Ação					= Mudança Lenta
Meta + ○ + Incentivo + Ferramentas + Plano de Ação					= Medo
○ + Competência + Incentivo + Ferramentas + Plano de Ação					= Confusão
Meta + Competência + Incentivo + Ferramentas + Plano de Ação					= Plena Realização

Figura 7 • Fazer acontecer — condições e resultados

No quesito Incentivo, você, líder operacional, deverá estar atento e atuar como catalisador de comportamentos e atitudes que contribuam para a união da equipe. Esta, como todo grupo social, é constituída de uma pequena parcela de colaboradores radicais que são, usualmente, contra quase tudo que emana da empresa; de outra pequena parcela que está sempre a favor da empresa, de forma incondicional; e de uma grande parcela de indecisos, sem opinião formada e que se deixam persuadir e serem conduzidos por aqueles colegas que apresentam os melhores argumentos. Para cada um deles, existe uma forma correta para convencer e persuadir na direção da plena realização da equipe, identificando os mecanismos de resistência e as formas para superá-los.

Com relação aos primeiros, os do contra, as principais fontes de resistência decorrem de mecanismos de defesa contra ameaças reais ou imaginárias e de padrões de pensamento contrários ao que se quer implementar. Os antídotos mais indicados para combater a resistência será o diálogo aberto e receptivo. Deve-se perguntar a opinião de cada colaborador nessa condição, estimulando a reflexão sobre as vantagens e desvantagens de se manter numa posição contrária. Além disso, é importante mostrar, sem ser e parecer ser ameaçador, as consequências da resistência.

Lembre-se de que as pessoas que se posicionam usualmente contra mudanças de comportamentos e atitudes são aquelas que se dispõem, de forma mais aberta e intensa, a influenciar os colegas na mesma direção. Assim, o insucesso dessa ação de convencimento daquele que se mantém persistentemente contra, implica na tomada de uma decisão, qual seja, fazer com ele, sem ele ou apesar dele.

Com relação aos indecisos, os principais fatores de resistência decorrem da falta de informações, de informações contrárias ao seu padrão de pensamento, de informações confusas e conflitantes e de uma visão não estruturada das consequências entre comportamentos e atitudes pessoais perante comportamentos e atitudes coletivas. Ainda, o quanto isso impacta negativamente a equipe como um todo e o próprio colaborador, individualmente.

Igualmente aos colaboradores que são contra, a forma para se abordar os indecisos é por meio do diálogo. Isso permitirá identificar os fatores da indecisão e desenvolver e aplicar argumentos persuasivos, como: mostrar a lógica e a razão dos fatos e/ou mostrar a relação entre custos e benefícios favoráveis a um novo comportamento e atitude.

Quanto aos colaboradores do terceiro grupo — com comportamentos e atitudes favoráveis —, não se trata de identificar e trabalhar os fatores de resistência e indecisão, mas de mantê-los permanentemente informados, sempre atentos a falsas informações, comuns num ambiente de trabalho, estimulando-os a apresentar novas ideias.

Mantenha-se, como líder, sempre pronto a agir ou reagir quando perceber qualquer recaída desses colaboradores. Isso que pode ocorrer, por exemplo, quando param de reclamar das condições de trabalho, o que pode indicar a perda de esperança, resultando em desinteresse e descrença para com os resultados dos seus esforços.

Para combater essa situação, manter o entusiasmo da equipe e contribuir para o que está planejado aconteça de fato, quatro outras ações são requeridas de você:

1. Evitar a procrastinação, por exemplo, sair de "amanhã faremos" para "faremos agora"; de "começar em condições ideais" para "aperfeiçoar em pleno voo"; de "gasto de energia com resistências" para "gasto de energia com cooperação".

2. Evitar elucubrações que pouco contribuem, por exemplo, sair de "encontrar muitas razões para não fazer" para "encontrar poucas razões para fazer e investir em

soluções"; de "ações burocráticas improdutivas" para "ações assertivas que agreguem valor".

3. Dividir e compartilhar com a equipe, em geral, e com os colaboradores, em particular, os elogios e os méritos pelo trabalho realizado e pelos resultados obtidos.

4. Desenvolver a capacidade de amarrar pontas e vender ideias, transformando comportamentos, atitudes e posturas e atuando sobre eles, por exemplo, sair de "insistência" para "persistência"; de "ansiedade" para "paciência"; de "superficialidade" para "profundidade"; de "simpatia aparente" para "empatia real"; de "comodidade do estar" para "convicção do ser"; de "prejulgamento de atitudes" para "apuração dos fatos".

Fazer acontecer o que está planejado é um dos principais atributos requeridos pelo líder operacional e uma forma eficaz para demonstrar o respeito e a confiança para com a equipe de trabalho — esta última é tema do próximo capítulo.

CAPÍTULO 4
É possível os líderes estabelecerem um vínculo de respeito e confiança com os membros de sua equipe?

Estabelecer uma relação de respeito e confiança com a equipe é fundamental e representa um dos principais fatores de sucesso de um líder operacional no cotidiano das relações no trabalho. Trata-se de uma afirmação óbvia até demais, considerando que o líder — aquele que inspira, comanda, coordena, exerce influência sobre comportamentos e atitudes — somente será bem-sucedido em suas atribuições de liderança se respeitar e confiar nos liderados e, principalmente, se tiver a recíproca como verdadeira.

Nenhuma pessoa íntegra, bem-intencionada e cidadã segue ou se inspira em alguém que não respeita e na qual não confia. Assim acontece numa sociedade, numa instituição, numa grande empresa, num pequeno negócio, numa família e em qualquer ambiente de trabalho.

Apesar de óbvia, em inúmeras oportunidades ao longo de nossa carreira como consultores, não temos detectado essa relação de respeito e confiança entre líderes e liderados. Ou, quando ela existe, é revestida de fragilidades e sujeita a recaídas aos primeiros sinais de crise, de conflito, de desentendimento, muitas vezes, decorrentes de pequenas ocorrências no trabalho. Pior ainda, quando o vínculo de respeito e confiança se quebra ou é fragilizado, a sua restauração é complexa, de difícil solução e demorada. Os prejuízos, de toda ordem, são imensuráveis.

Uma solução simplista e comum adotada por inúmeros líderes operacionais é a demissão do colaborador, resultando em prejuízos financeiros e morais irrecuperáveis. O *turnover*, seja por iniciativa da empresa ou do empregado, assim como inúmeros outros indicadores de desempenho, tem a ver diretamente com o vínculo de respeito e confiança entre o líder operacional e sua equipe.

Se a busca de respostas sobre essa relação, tão simples e óbvia, não funciona, observamos que, em muitas empresas, os líderes operacionais não estão sensibilizados ou capacitados. Além disso, eles não são responsabilizados de forma adequada pela manutenção de um clima de respeito e confiança nos ambientes de trabalho.

Há alguns anos, desenvolvemos um trabalho de consultoria numa empresa mineradora, em local extremamente remoto, de difícil acesso. A companhia era responsável pelo fornecimento e administração de toda a infraestrutura social, como residências, serviços de transporte, energia, água, luz, esgoto e escolas. Aquilo era um verdadeiro município de pequeno porte, onde todos os moradores eram oriundos de regiões distintas e distantes.

Próprias desse tipo de empreendimento, começaram a surgir situações em que se misturavam assuntos do trabalho com questões familiares e da comunidade. Isso impactava diretamente o desempenho operacional do empreendimento e a satisfação dos colaboradores e seus familiares, resultando inclusive na elevação do turnover.

Após uma avaliação minuciosa da situação, propusemos à empresa a implementação de um novo modelo prático de gestão, desenvolvido pelo líder operacional perante a equipe de trabalho. O objetivo era criar no ambiente de trabalho um clima de respeito e confiança, um espaço onde todo e qualquer tipo de questão pudesse ser tratada de forma aberta e participativa, do tipo olho no olho. O modelo foi aprovado e implementado com foco na capacitação dos líderes operacionais em novos comportamentos, atitudes e posturas.

Inicialmente, bons resultados foram alcançados, e inclusive superados, no ambiente de trabalho. Na sequência, o modelo foi adaptado e ampliado para a comunidade. Ele ajudou a empresa a conquistar o título de melhor empresa do setor para se trabalhar, com um índice de favorabilidade superior a 80%.

Depois de dez anos de funcionamento ininterrupto, o modelo de gestão e a participação da empresa no concurso de melhor local para se trabalhar foram suspensos, em razão de uma grande expansão do empreendimento. Essa expansão durou aproximadamente três anos. No seu término, a empresa voltou a participar do concurso de melhor empresa para se trabalhar, atingindo um índice de favorabilidade inferior a 40%.

Por meio de uma pesquisa interna junto aos colaboradores, a empresa constatou que uma das causas que mais impactou essa queda vertiginosa foi a interrupção da aplicação do modelo de gestão por intermédio dos líderes operacionais. O resultado foi a perda do clima de respeito e confiança e, consequentemente, da qualidade de vida dos colaboradores e seus familiares.

Essa história e tantas outras similares sinalizam para você, que exerce a função de líder operacional, um caminho seguro de uma carreira profissional promissora. Uma garantia de que seu trabalho será reconhecido tanto pelos seus superiores quanto pelos seus liderados e pela comunidade.

O caminho mais curto e eficaz para criar e manter um vínculo de respeito e confiança entre você e sua equipe de trabalho é o diálogo individual e coletivo, sincero, aberto, receptivo, estruturado e permanente, conforme destacado nos capítulos anteriores. A prática desse diálogo deve estar focada na percepção dos benefícios comuns auferidos, tanto pela empresa quanto pelos colaboradores, consolidando e perenizando o vínculo de respeito e confiança, a exemplo do que ocorre numa família bem estruturada. Sem esse vínculo, não há como sustentar uma boa relação.

A representação e a representatividade no ambiente de trabalho

No campo das relações no trabalho, a representação nos remete a pensar na instituição sindical, como representante legal dos trabalhadores. No entanto, a questão é mais profunda e mais complexa.

Nas relações trabalhistas, enquanto o líder sindical representa legalmente o trabalhador perante a empresa e a Justiça do Trabalho, o líder operacional detém a representação legal e formal da empresa perante os colaboradores, inclusive podendo ser responsabilizado pelos seus atos e omissões quando do exercício da função de liderança.

Como exemplo, o artigo 157 da CLT determina que cabe às empresas *"(...) cumprir e fazer cumprir as normas de segurança e medicina do trabalho (...)"*[1]. A partir dessa premissa, no caso de ocorrência de um acidente fatal ou incapacitante no local de trabalho, o líder operacional — como representante legal da empresa — poderá ser responsabilizado criminalmente pelo fato perante a

---
[1] Veja mais em: https://bit.ly/3SpIzrj.

Justiça. Obviamente que lhe será concedida, pela empresa, autonomia condizente com essa responsabilidade.

A despeito da atuação sindical e dos aspectos legais, a questão da representação do líder operacional está, em princípio, claramente definida no cotidiano do ambiente de trabalho. Já o mesmo não ocorre com a representatividade. A representação legal, concedida pela empresa, não garante absolutamente que você detenha a liderança efetiva da equipe de trabalho.

A representatividade é concedida pela sua equipe de trabalho e decorre do grau de autoridade moral que você consiga conquistar nas relações no trabalho. Isso se dá por meio de comportamentos e atitudes consistentes e coerentes, como saber ouvir, não deixar perguntas sem respostas — mesmo que negativas — e mostrar-se interessado pela vida pessoal, profissional e familiar dos colaboradores.

Esse deve ser o propósito principal e ponto de partida daquele que já é, ou pretende ser, um líder operacional.

Estilo de liderança operacional — a curva de maturidade da gestão participativa

O estilo de liderança operacional tem a ver diretamente com o modelo de gestão do ambiente de trabalho.

A Organização Internacional do Trabalho (OIT), com sede em Genebra, define três modelos básicos de gestão de pessoas: a autogestão, a heterogestão e a gestão participativa.

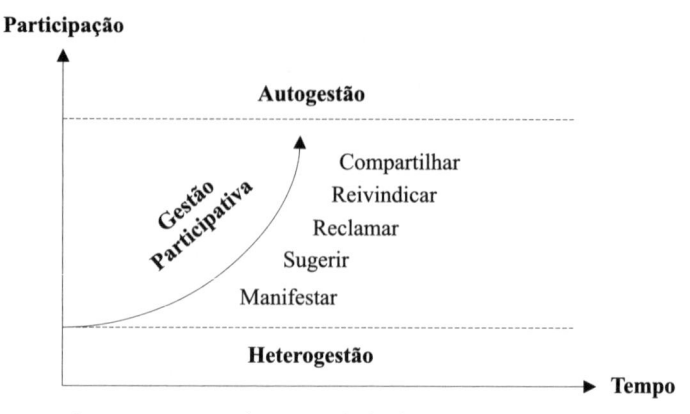

Figura 1 • Curva da maturidade da gestão participativa

O modelo de heterogestão é aquele em que a estrutura de poder está claramente definida. Esse modelo não comporta muito espaço para questionamento quanto à hierarquia. As regras de funcionamento são definidas e as ordens emanadas dos níveis superiores devem ser cumpridas. Dois setores que acompanham a humanidade desde a sua existência operam neste modelo: a religiosa e a militar. A Igreja Católica — uma das maiores organizações mundiais — tem a sua funcionalidade assegurada pela heterogestão. O modelo, em que "manda quem pode e obedece quem tem juízo", já foi tradicionalmente utilizado, e ainda o é, especialmente naquelas organizações onde o líder maior da empresa ou da unidade operacional adota um estilo de liderança autoritário.

Apesar de não se tratar de um modelo em extinção, a sua eficácia tem sido muito questionada, e as empresas modernas caminham na direção contrária.

O seu oposto, o modelo de autogestão, é aquele em que a figura do líder se confunde com a figura do executante. Podemos tomar como exemplo um profissional que se dedique ao conserto e à manutenção de aparelhos de ar-condicionado. Nesse caso ele é, ao mesmo tempo, gestor e executante do próprio negócio.

À medida que o pequeno negócio evolui, o modelo de gestão vai automaticamente sendo adaptado, até por uma questão de sobrevivência.

O terceiro modelo definido pela OIT é o de gestão participativa e decorre da evolução do modelo de heterogestão. Na prática, essa evolução ocorre por meio da curva de maturidade da gestão participativa, cujo primeiro passo é a **liberdade de manifestação** no ambiente de trabalho. Isso possibilita o colaborador poder comentar sobre as ocorrências do cotidiano e que, obviamente, tenha alguém interessado em ouvi-lo. O segundo passo decorre de a condição do colaborador poder **sugerir** mudanças em relação às condições de trabalho básicas para que possa exercer suas funções com dignidade e eficiência.

Se, por alguma razão, as suas sugestões não forem ouvidas e/ou respondidas, que lhe seja permitido **reclamar** daquilo que não está funcionando ou causando algum tipo de desconforto, desgaste ou impedimento no exercício de suas atividades.

O não atendimento de sugestões e reclamações dos membros de uma equipe evolui naturalmente para a prática da **reivindicação** que, se não atendida, pode assumir rapidamente um caráter de cobrança coletiva. Uma característica da reivindicação é que ela assume um caráter coletivo mais facilmente do que uma reclamação, impactando diretamente a gestão do líder operacional responsável.

O líder operacional estará próximo de completar sua curva de maturidade em gestão de pessoas assim que entender e aceitar ser sua responsabilidade quando um ou mais colaboradores apresentarem reivindicações individuais ou coletivas. Na prática, significa ter a percepção e a humildade de reconhecer que o seu nível de atenção e de dedicação, quando das sugestões e reclamações dos colaboradores, não foi suficiente para a solução ou o esclarecimento das situações apresentadas.

A partir desse ponto, o líder operacional estará apto para **compartilhar** com seus liderados, de forma estruturada e com disciplina, a gestão do ambiente de trabalho sob sua responsabilidade.

Quando eu, Heli, decidi dar um passo importante na minha carreira profissional, de gestor de recursos humanos para consultor, tinha como foco atuar nos ambientes de trabalho. Era ali onde tudo de bom e de ruim podia acontecer sem prévio aviso e, mais especificamente, era como eu poderia contribuir para transformá-los em ambientes saudáveis, harmônicos e produtivos.

Na época, já visualizava o desenvolvimento do líder operacional — o elo entre o capital e o trabalho — como o personagem capaz de conduzir esse processo de mudança, fundamental para garantir o sucesso das organizações. Durante os anos que sucederam essa decisão, eu e o Heli Júnior temos tido a oportunidade de comprovar a importância desses profissionais, os líderes operacionais, para o mundo do trabalho.

Ao longo de nossa trajetória como consultores, o líder operacional foi, e continua sendo, uma das principais referências norteadoras do nosso trabalho. Isso porque somente por seu intermédio é possível alcançar um modelo participativo de gestão que garanta o engajamento dos colaboradores com os objetivos e metas da empresa — sonho de muitos dirigentes empresariais.

A realidade e a dinâmica do mundo do trabalho são constituídas de forma ininterrupta, durante vinte e quatro horas por dia e sete dias por semana, de processos de interação e comunicação direta entre o líder operacional e seus liderados. É nessa interação que está a oportunidade para o líder conquistar e manter o respeito e a confiança dos liderados.

A curva da maturidade da gestão participativa é o caminho a ser percorrido por você, líder operacional, na busca da sua excelência profissional. Já a comunicação, por meio do **diálogo**, é o veículo a ser utilizado, pois representa a verdadeira expressão da liderança perante a equipe de trabalho, inspirando seus comportamentos e atitudes na direção dos resultados planejados.

O processo do saber ouvir (e dar soluções ou respostas convincentes) como ferramenta de gestão do ambiente de trabalho

Durante os programas de treinamento e palestras que realizamos, muitos líderes operacionais nos perguntam como desenvolver um diálogo produtivo com os colaboradores, pois, muitas vezes, as pressões inerentes ao ambiente de trabalho não proporcionam as condições ideais para tanto. Sempre recomendamos que a melhor forma para começar um diálogo produtivo é ouvindo o colaborador, pois, na maioria das vezes, o que ele mais deseja é ser ouvido. Além disso, ao priorizar ouvir o colaborador, o líder operacional adotará uma atitude receptiva e empática, fundamental para a prática de um diálogo produtivo, seja de forma individual ou coletiva.

Você, líder operacional, deve reservar um horário do dia para dialogar individualmente com cada um dos liderados, sem interrupções, de modo que cada um perceba que sua atenção está total e exclusivamente voltada para ouvi-los, ainda que seja por poucos minutos.

Importante ressaltar que, nas considerações a seguir, o "escutar" está mais relacionado à ação de audição, algo natural do ser humano, enquanto o "ouvir" exige concentração e esforço intelectual, tentando compreender como o outro se sente. Você deverá inicialmente identificar as principais barreiras presentes no ambiente de trabalho, que comumente inibem a boa prática do saber ouvir, adotando, quando necessário, novos comportamentos, atitudes e formas para superá-las.

Figura 2 • Saber ouvir — superando barreiras

Alguns exemplos de barreiras ao saber ouvir, relacionadas a:

- Ambiente físico: ruído, calor, frio, iluminação.
- Condições fisiológicas: fome, sede, sono.
- Condições emocionais: estresse, doenças pessoais ou com familiares.
- Preconceitos e prejulgamentos: raça, religião, padrão social, competência.

Em seguida, é importante que você conheça e domine o **processo do saber ouvir**. Ele é constituído de seis etapas básicas destinadas a escutar, entender, interpretar, assumir, decidir e responder ao colaborador.

Você, líder, deve dar uma especial atenção à etapa do **escutar**, pois é usualmente nela que o processo do saber ouvir costuma ser interrompido. Nesta etapa você deve ter como foco, na prática do saber ouvir, a formação de uma ideia clara sobre o que o colaborador está querendo, de fato, repassar. Para tanto, deve estar atento à relação entre o fato e as justificativas envolvidas naquilo que está sendo dito pelo colaborador, como no exemplo a seguir.

Um colaborador, responsável por uma função-chave no processo produtivo, faltou ao trabalho num determinado dia da semana, sem avisar previamente.

O líder operacional do setor ficou extremamente insatisfeito com o comportamento do colaborador, que até então era assíduo. Isso causou inúmeros transtornos para a sua substituição e impactou negativamente a produtividade do setor.

No dia seguinte, ao ser perguntado pelo líder sobre as razões da falta, o colaborador, aborrecido com a baixa qualidade do plano de saúde, alegou que teve que acompanhar a esposa numa consulta médica. Ela já tinha ido a várias consultas e se encontrava com um problema de saúde sem solução.

Ao mesmo tempo, o colaborador solicitou ao líder que a sua falta fosse abonada. Porém, como se tratava de um acompanhamento de consulta não emergencial, ele não conseguiu que o médico lhe entregasse um atestado para justificar a ausência. O líder alegou que, sem o atestado do médico, não seria possível o abono da falta, o que implicava no desconto do dia perdido e do descanso semanal remunerado do colaborador.

Nesse momento, o diálogo foi interrompido com o colaborador saindo extremamente aborrecido com a decisão do líder, que não levara em conta o seu prontuário sem registro de faltas. Além disso, ele foi acompanhar a esposa em razão da baixa qualidade do plano de saúde oferecido pela empresa.

O líder, por sua vez, também ficou extremamente aborrecido com o colaborador, tido até então como de plena confiança. No caso exposto, o líder deixou de investigar o que poderia estar por trás daquela atitude incomum e que não foi mencionado pelo colaborador.

Daquele dia em diante, as relações entre o líder e o colaborador iniciaram um processo de desgaste, culminando, em pouco tempo, na demissão do colaborador.

No caso citado, o líder não teve o conhecimento e a habilidade necessária para considerar a relação entre um fato único e os conceitos distintos, expressos pelas justificativas envolvidas, condição fundamental para a continuidade do diálogo e para uma conclusão positiva.

Fato:

- Falta ao trabalho que causou transtornos à organização e impactou negativamente a produtividade do setor.

Conceitos (explicitados pelas justificativas):

- Da parte do colaborador: o problema de saúde da esposa não resolvido em razão da baixa qualidade do plano de saúde oferecido pela empresa. Portanto, a falta ao trabalho não era de sua responsabilidade.

- Da parte do líder: apesar de o prontuário do colaborador não apresentar antecedentes negativos, não conseguiu o atestado médico para que a falta pudesse ser abonada, sem que isso representasse um precedente não recomendável perante os demais colaboradores.

Nesse simples exemplo, é possível observar que os dois conceitos distintos, plenamente justificáveis para cada uma das partes envolvidas, não foram considerados e explorados pelo líder. Isso veio a causar a interrupção do processo do saber ouvir e, por consequência, do diálogo, resultando na quebra do respeito e da confiança existente entre ele e o colaborador. Outra consequência da atitude do líder foi a perda da oportunidade de identificar e superar barreiras importantes no processo do saber ouvir.

Feedback e reconhecimento: o caminho para a evolução das relações interpessoais no ambiente de trabalho.

O feedback constitui uma das principais ferramentas do processo de comunicação. Ele garante que suas mensagens sejam entendidas e assimiladas pelos seus liderados, estimulando-os a agir em consequência delas. Por essa razão, merece uma atenção especial sua.

O feedback é a reação do receptor à mensagem recebida, comunicando o quê e quanto o receptor entendeu do seu conteúdo e em que medida consegue se relacionar com o emissor. Ao utilizá-lo, você estabelecerá um direcionamento da comunicação nos dois sentidos com os seus liderados. Além disso, o modo como o feedback é estruturado, em termos de conteúdo, palavras e linguagem gestual, determinará se o tipo de comunicação será aberto ou fechado.

O bom líder foca preferencialmente uma comunicação aberta, pois esta se presta a gerar mais confiança, prestar reconhecimento, ajustar diferenças de opiniões, abrir e manter um canal de comunicação eficaz.

O líder pode manifestar o feedback de várias formas, seja por meio de um simples sorriso, franzir a testa ou balançar de cabeça. Essas manifestações podem conter palavras ou apenas silêncio.

O feedback deve ser praticado pelo líder de forma interativa com o colaborador, ora "dando", ora "recebendo". Ao dar feedback para o colaborador, você deve procurar ser respeitoso, imediato, oportuno, participativo, descritivo e específico. Ao receber feedback do colaborador, você deve indicar claramente que está ouvindo de maneira atenta, solicitando detalhes quando necessário, refletindo de imediato ou pedindo um tempo e dando um retorno mais tarde.

Para garantir a eficácia do feedback, você deve estar atento a seis fatores:

» **Rapidez e oportunidade**

Ser ágil e oportuno ao oferecer feedback otimiza a prevenção e correção de desvios, estimulando os colaboradores a fazer "as coisas certas" e a não fazer "as coisas erradas".

» **Forma e linguagem**

O programa de treinamento de lideranças operacionais de nossa consultoria contempla um módulo específico sobre o feedback como ferramenta de gestão do ambiente de trabalho. Esse módulo prevê alguns exercícios práticos sobre os dois tipos básicos de feedback, de apoio ou de reconhecimento e construtivo ou orientativo.

Para o segundo tipo — construtivo ou orientativo —, utilizamos um exercício ambientado numa loja de joias frequentada por clientes de alto poder aquisitivo. Ele envolve a participação de dois personagens, o gerente e uma vendedora.

Preocupado com a queda repentina do desempenho de uma de suas melhores vendedoras, o gerente da loja resolveu fazer uma investigação diretamente junto a três clientes que deixaram a loja sem concretizar a compra, após serem atendidas por ela. Os clientes informaram que não se sentiram bem ao serem atendidos pela vendedora, que apresentava odores decorrentes de mau hálito e sudorese.

Em quase 100% das vezes em que aplicamos esse exercício, os treinandos escolhidos para desempenhar o papel de gerente da loja tiveram grandes dificuldades, e poucos conseguiram concluir a tarefa de dar feedback à vendedora.

Ao aplicar esse exercício para um grupo de líderes de uma grande empresa de logística localizada na região norte do país, percebemos um certo constrangimento e alguns risos disfarçados. Ao serem indagados por nós a respeito disso, fomos informados pelo grupo de líderes que um fato muito similar havia ocorrido na unidade.

Uma secretária que, por força de sua função, mantinha muitos contatos com o pessoal, começou a apresentar odores por causa do mau hálito e da sudorese.

Alguém, inadvertidamente, tomou a seguinte atitude: encaminhou a ela um envelope de circulação de correspondência interna — muito comum à época — contendo um pacote de balas de hortelã e um tubo de desodorante.

> A secretária, ao abrir o envelope na presença de outros colegas, foi surpreendida com o conteúdo e teve uma crise de choro e descontrole emocional. Aquilo a impediu de continuar trabalhando e ela foi encaminhada para o ambulatório médico da empresa. Como resultado, acabou sendo afastada do trabalho por alguns dias.
>
> Essa forma inapropriada de feedback, se levada adiante pela secretária, atualmente, poderia render uma reclamação trabalhista por assédio e dano moral.

Boa vontade e disposição não bastam para reforçar ou corrigir comportamentos e atitudes. É preciso, antes de tudo, entender o real significado das coisas, especialmente o que é "certo" e o que é "errado" e, principalmente estabelecer consenso sobre isso.

Ao dar feedback, considere, entre outras, os seguintes pontos:

- Qual a razão para dar o feedback.
- Por onde começar, como estruturar a apresentação dos fatos e argumentos e como finalizar o feedback.
- Qual o melhor lugar para oferecer feedback.
- Quais palavras e expressões devem utilizadas para um perfeito entendimento e aceitação do que está sendo dito.

» Credibilidade e transparência

A fidelidade, precisão e abertura dos dados e informações são essenciais para uma boa recepção ao feedback. Mas somente isso não basta. O líder, além de **ser**, precisa **parecer ser** fiel, preciso e aberto em relação aos dados e às informações. Isso é o que garantirá credibilidade e transparência.

Tipos de feedback

O feedback pode ser classificado quanto à sua finalidade: de apoio ou de reconhecimento e construtivo ou orientativo.

O primeiro — de apoio ou reconhecimento — deve ser utilizado por você, líder, com a finalidade de reforçar bons comportamentos e manter os colaboradores bem orientados. Ao praticar esse tipo de feedback, você deve descrever e elogiar o comportamento específico observado do colaborador, citando os benefícios decorrentes.

O feedback de apoio ou reconhecimento pode e deve ser praticado a qualquer hora e em qualquer lugar. A maioria das pessoas gosta de receber elogios e reconhecimentos. Portanto, pratique-o sem receios.

O segundo tipo de feedback — construtivo ou orientativo — tem a finalidade de corrigir comportamentos e atitudes e, por consequência, exige que você esteja preparado para oferecer comportamentos e atitudes alternativas. Ao oferecer esse tipo de feedback, você deve descrever o(s) comportamento(s) específico(s) do colaborador, expressando seus sentimentos e opiniões a respeito deles e citando as respectivas consequências. Além disso, *é vital ter* a sensibilidade e o cuidado na escolha de um local preferencialmente isolado, silencioso e que esteja longe de distrações e interrupções.

Oferecer feedback construtivo ou orientativo de forma apressada geralmente não funciona. Reserve tempo para expressar seus pensamentos claramente e escolha suas palavras com cuidado. Mostre que você está preocupado em não ofender ou magoar, e sim em orientar e corrigir.

Outro aspecto igualmente importante refere-se à prática dos dois tipos de feedback, se de forma coletiva ou individual. Eles podem e devem ser praticados à vontade, desde que de forma distinta e obedecendo às técnicas e aos conceitos descritos anteriormente.

Praticar o feedback individual na presença de outros colaboradores é uma prática não recomendada ao líder, pois dependerá essencialmente do grau de maturidade da equipe, algo muito difícil de ser mensurado. Entretanto, não deve deixar de ser praticado, de forma isolada.

As reações ao feedback merecem atenção especial

As pessoas gostam de receber feedback de apoio ou reconhecimento. Portanto, compete a você, líder operacional, praticá-lo à vontade.

O mesmo não acontece com o feedback construtivo ou orientativo. As pessoas não gostam dele, e apesar de os mesmos problemas e situações serem vivenciados de modo diferente por pessoas distintas, quase a totalidade delas reage de uma mesma forma quando o recebem.

O modelo que utilizamos com excelentes resultados para capacitar e incentivar os líderes operacionais para a prática do feedback construtivo ou orientativo está baseado num estudo realizado por um grande centro médico internacional, especializado em tratamento de câncer. Esse estudo identificou uma sequência de reações dos pacientes pesquisados a partir do momento em que recebem o primeiro feedback de que a doença está próxima ou caminhando rapidamente para a fase terminal.

Figura 3 • Reações ao feedback

Trata-se de um processo dos mais difíceis de serem aplicados pelo líder operacional, considerando os impactos sobre o colaborador envolvido.

O modelo contempla quatro estágios: **a negação, a irritação ou mágoa, a indiferença e a aceitação.** A maioria das pessoas passa por eles ao receber este tipo de feedback, ainda que algumas possam precisar de mais ou menos tempo para ir de um estágio para outro.

Negação	Irritação ou Mágoa	Indiferença	Aceitação
Proteção contra Ameaças	"Evolução" da Negação	Sentimento de Perda	Reflexão Conjunta
Dar um Tempo	Manter novo Diálogo	Mostrar a Realidade	Resultado Positivo do Processo

Figura 4 • Reações ao feedback construtivo

O primeiro estágio — a **negação** — é vivenciado por quase todas as pessoas e funciona como uma proteção contra as ameaças percebidas, mesmo que não necessariamente reais.

O feedback é recebido como uma verdadeira surpresa e é mais ou menos comum que haja reações, expressas ou não, do tipo: "está errado"; "o modelo é importado de outro país e não serve para nossa cultura"; ou "eu nunca ajo assim, você está enganado".

Entretanto, trata-se de uma defesa temporária. Por essa razão, o líder deve dar um tempo para que o colaborador que o está recebendo possa refletir a respeito.

O segundo estágio, a **irritação ou mágoa**, decorre do primeiro. À medida que o mecanismo de **negação** vai atenuando, o colaborador começará a experimentar uma irritação ou mágoa, que pode chegar a ser intensa, dependendo do assunto em questão. Essa irritação poderá se voltar contra as pessoas e os colegas que o cercam. É comum que o colaborador procure ou aponte outros culpados. Sentimentos de ciúme e inveja também podem vir à tona.

Outras reações e sentimentos, expressos ou não, podem surgir, por exemplo: "como podem achar isto de mim"; "a culpa é de fulano e não minha"; "não é possível que achem isso de mim". Nesse momento, você, como líder, deve manter um novo diálogo, com cautela, mostrando outros aspectos não explorados na primeira conversa.

Antecedendo o terceiro estágio, algumas vezes poderá surgir um estágio intermediário — mais raro de ocorrer —, o da **barganha**. Nesse momento, o colaborador pode, de forma inconsciente, querer trocar a aceitação do feedback por algum tipo de compensação.

O terceiro estágio se refere à **indiferença**, situação em que a irritação ou mágoa poderá ser substituída por um sentimento de perda, que pode ser maior ou menor, dependendo do assunto em questão. Este estágio é normalmente silencioso, ou seja, a pessoa não chega a expressar claramente os seus sentimentos, por exemplo: "não acredito nisso"; "sou chefe há tanto tempo, sempre fui assim e sempre deu certo"; "se fulano conhecesse a realidade das coisas".

Nesse estágio, o líder não deve tentar mostrar o lado fácil do problema para o colaborador. Isso não resolveria o problema, apenas dificultaria a passagem para a fase seguinte.

Após ter passado pelos estágios anteriores, o colaborador estará preparado para o quarto estágio: a **aceitação**.

Este é o estágio mais importante do processo, pois irá requerer uma reflexão conjunta, que deve resultar no estabelecimento de novos caminhos e soluções para o problema em questão. O tempo que cada colaborador levará para percorrer os vários estágios de reação ao feedback dependerá, em grande parte, do grau de maturidade do próprio colaborador, de você, líder, que deu o feedback e do relacionamento de ambos. Portanto, quanto mais for praticado, maior será o grau de maturidade para um novo feedback.

> **Como você, líder, pode obter o máximo ao dar e receber feedback?**
>
> Sendo honesto consigo mesmo e perguntando-se, por exemplo:
>
> - *Qual tem sido a minha atitude no que diz respeito a dar e receber feedback?*
> - *Eu ofereço feedback com critério?*
> - *Eu aceito que tenho comportamentos e atitudes que os outros podem enxergar melhor que eu?*
> - *Eu vejo o feedback como uma oportunidade para aperfeiçoamento ou somente como uma crítica?*
>
> As respostas a essas perguntas darão uma forte indicação de quão bem ou mal você lida com o feedback.
>
> Peça ou encoraje o feedback somente quando você realmente quiser ouvir, refletir e mudar, e se necessário.

A seguir, há um conjunto de comportamentos e atitudes — tanto negativas quanto positivas — para que você possa refletir a respeito:

- Critico o trabalho dos meus colaboradores, sem lhes dar oportunidade para explicações.
- Estímulo a criatividade dos meus colaboradores.
- Acredito que devo controlar rigorosamente a forma como os meus colaboradores fazem o serviço.
- Entendo os problemas que os meus colaboradores enfrentam no serviço.

- Preciso pressionar os meus colaboradores para obter os resultados esperados por mim.
- Evito atitudes que façam com que os meus colaboradores se sintam inferiorizados.
- Fico de fora dos conflitos (atritos) entre meus colaboradores.
- Falo abertamente ao tratar com meus colaboradores.
- Para uma tarefa ser bem feita, tenho que acompanhar a execução de perto (não dou espaço para os colaboradores).
- Defino os problemas de maneira que eles sejam entendidos pelos colaboradores.
- Julgo estar sempre certo nas minhas ações perante os colaboradores.
- Descrevo as situações com objetividade e sem rodeios para os colaboradores.

A importância e a prática de reuniões eficazes de feedback coletivo com a equipe

Há algum tempo nossa consultoria foi contratada para desenvolver o programa Ciclos do Diálogo para a área de logística de uma grande empresa no estado do Espírito Santo.

Após a preparação das bases da estrutura do programa, incluindo a capacitação da liderança operacional, demos início à primeira rodada de encontros dos líderes operacionais com as suas respectivas equipes. Essa ação foi, de maneira estratégica, agendada para ocorrer três meses antes do início da negociação coletiva.

Durante os encontros, cada líder tinha a incumbência de abrir espaço e incentivar o feedback de seus liderados, apresentando eventuais queixas, reclamações e sugestões sobre a sua relação com a empresa.

Apesar de uma natural desconfiança inicial — pois se tratava de algo inédito a disposição da empresa reservar um tempo para o líder ouvir sua equipe —, os colaboradores se sentiram à vontade para manifestar sentimentos e opiniões. Todos os questionamentos e manifestações dos colaboradores foram resolvidos ou esclarecidos num período que durou de dois a três meses.

Como previsto no calendário anual da unidade, logo em seguida ocorreu a primeira reunião do processo da negociação coletiva, ocasião em que as lideranças sindicais apresentaram a pauta de reivindicações.

Para surpresa dos negociadores representantes da empresa, a pauta, que costumava vir recheada de solicitações e reclamações, apresentava somente uma meia dúzia de questões de menor importância. Ao serem questionados, os líderes sindicais, bastante incomodados, responderam que isso se devia ao fato de que as lideranças das equipes já tinham ouvido os subordinados e resolvido ou esclarecido as suas reivindicações.

Uma prática saudável que favorece o respeito e a confiança mútua no ambiente de trabalho consiste na realização de reuniões regularmente e encontros de feedback coletivo, ocasiões em que os colaboradores são estimulados a se manifestarem.

A garantia do sucesso dessa prática dependerá de um planejamento estruturado em que você, pelo menos:

- Planeje uma agenda regular que seja mensal, bimestral ou trimestral.

- Programe um tempo mínimo necessário de duração.
- Se necessário, peça suporte do seu superior ou das áreas de apoio da empresa.
- No caso de trabalho em turnos ou com um grande número de colaboradores, programe tantas reuniões ou encontros quantos forem necessários.
- Pense em tudo que os colaboradores poderão perguntar, questionar ou sugerir e busque respostas ou posicionamentos previamente.
- Tenha consciência de que se trata de uma ação que exige preparo e esforço, porém necessária para o seu próprio desenvolvimento e do seu time.
- Lembre-se de que poderá receber feedback com o qual não concorde ou não goste; isso faz parte do processo.
- Ouça; este não é o momento para justificativas; o seu óbvio não é uma verdade absoluta; dê espaço para que a equipe se sinta acolhida por você.
- Planeje bem o seu tempo: caso haja muitos pontos a serem tratados em pouco tempo, invista energia naqueles percebidos como prioritários.
- Peça à sua equipe que traga exemplos e sugestões de como os pontos abordados podem ser melhorados.
- Não se esqueça de registrar os pontos em que vocês concordaram, visando selá-los em um clima de confiança.

- Lembre-se de que, tão ou mais importante do que planejar, é preciso executar o que foi planejado.

▪ Atendimento de queixas e reclamações dos liderados

As queixas e reclamações são comuns em qualquer ambiente de trabalho. Se não ouvidas, resolvidas ou esclarecidas de maneira oportuna e convincente, elas constituem um dos aspectos mais vulneráveis à confiança dos colaboradores no líder e na empresa. Com base no modelo de liderança eficaz participativa e no processo do saber ouvir, já apresentados, você, líder operacional, encontrará a seguir um conjunto de dicas e orientações práticas para um bom atendimento de queixas e reclamações por parte dos liderados.

» **Ouvir**

- Seja acessível. Dê ao colaborador a oportunidade de se fazer ouvir. Lembre-se de que é importante para você que a reclamação venha à tona.
- Ouça o relato e demonstre empatia, colocando-se no lugar do colaborador. E demonstre isso.
- Lembre-se: é impossível escutar e falar ao mesmo tempo. Espere pela sua vez.
- Demonstre disposição para ouvir. Cuide de sua postura de maneira a parecer receptivo e compreensivo. Não interrompa nem rejeite a reclamação enquanto ela estiver sendo apresentada.

- Ouça efetivamente. Ouvir não é apenas um exercício fisiológico. A mente é que tem que ouvir, não os ouvidos. Para tanto, procure se colocar no papel do reclamante.
- Faça perguntas inteligentes e construtivas.
- Controle a emoção. O reclamante tende a demonstrar seu descontentamento em algum momento. Quando ele reclama é porque já não aguenta mais. É provável que, a essa altura, ele esteja emocionalmente perturbado.
- Reaja sempre à mensagem, não a quem a emite. Avalie a carga de emoção que há por trás da mensagem.
- A sua emoção merece também um certo policiamento. Nem todas as pessoas absorvem a emoção de outras sem reagir também emocionalmente.

» Registrar

- Anote com tranquilidade e clareza os dados e informações relevantes.
- Identifique as principais ideias do seu interlocutor — o que ele está querendo lhe dizer?
- Anote aquilo que, apesar de importante, seja também difícil de lembrar.
- Evite se deixar influenciar pelo relato pautado pelos sentimentos e emoções. Procure obter e organizar os fatos de maneira objetiva relacionados à reclamação.
- Evite emitir críticas de imediato, a menos que o contato seja conclusivo.

- Encerre o contato positivamente. Elogie a sinceridade demonstrada pelo colaborador. Procure transmitir otimismo ao reclamante, mesmo considerando a reclamação improcedente.

» **Assumir**

- O colaborador apresentou-lhe a reclamação imaginando que a solução do problema está em suas mãos. Se não estiver, você deve explicar isso a ele. Você deve certificar-se de que, quando for o caso, o reclamante seja bem atendido por outros setores da empresa, pelo seu intermédio.

- Se a reclamação for definitivamente improcedente, isso deve ser dito de imediato para evitar esperanças infundadas. O que não impede que a explanação seja dada com clareza e que algumas alternativas sejam sugeridas.

- Se a reclamação parecer procedente, prontifique-se a atendê-la (não necessariamente resolvê-la). Resuma os passos a serem seguidos e estabeleça uma data para retomar o caso. Não dê ao reclamante a impressão de se sentir incomodado pela reclamação.

» **Analisar**

- Examine as origens da reclamação. Ela tem raízes emocionais, circunstanciais ou ligadas a um outro incidente não resolvido? O que ou quem está por trás da reclamação ou do reclamante? Se essa reclamação fosse atendida, o problema seria resolvido?

- Colete informações adicionais das próprias fontes. Consiga material em primeira mão: entrevistando testemunhas, denunciados e reclamantes.
- Revise os precedentes que existem sobre o assunto. A quem compete julgar a reclamação? Quem sabe mais sobre o assunto, caso este seja específico? A solução teria alguma consequência em outros setores da empresa?
- Identifique e investigue contradições: elas são importantes? Quem pode dirimir a questão? Vale a pena realizar a checagem das fontes de informações?
- Avalie as restrições existentes. Às vezes, a reclamação é improcedente porque as normas administrativas ou técnicas da organização assim o estabelecem — mas quem garante que essas normas são corretas e imutáveis?

» **Decidir**

- Examine alternativas. Nem sempre o caminho mais curto entre dois pontos é uma linha reta — especialmente nas relações trabalhistas. De quantas outras maneiras é possível satisfazer as demandas do reclamante, além da forma por ele sugerida? Quais são os fatores que mais pesam na avaliação das alternativas cogitadas na situação: econômicos, políticos ou administrativos?
- Não perca de vista os interesses da empresa. Que precedentes estão sendo abertos ao se tomar uma decisão

a favor (ou contra) do reclamante? Quem é beneficiado (ou prejudicado) com isso?

- Procure decidir com justiça, considerando a situação como um todo e os interesses de toda e qualquer parte envolvida — não apenas os do reclamante ou os seus próprios.

» **Responder**

Ao responder, considere duas possibilidades:

1. Se o problema apresentado tem procedência:
   - Explique sucintamente e de maneira cortês ao reclamante a solução encontrada.
   - Deixe claro para ele que a correção será providenciada o mais breve possível.
   - Não demonstre aborrecimento (o subordinado deve ficar com a impressão de que você apreciou a oportunidade de corrigir um erro ou uma injustiça).

2. Se o problema apresentado não tem procedência:
   - Fundamente sua resposta em fatos, e não em suposições.
   - Demonstre sua convicção e assuma a responsabilidade sobre a decisão tomada.
   - Ouça com boa vontade as objeções do subordinado, repetindo os contra-argumentos essenciais.
   - Não deixe que seja criada uma polêmica. Se o colaborador discordar de maneira definitiva da sua

decisão, mostre-se disposto a encaminhá-la a uma instância superior para ser reexaminada, caso seja possível.

- Lembre-se de que a prática do "não" com convencimento, como resposta a queixas e reclamações dos colaboradores, é tão ou mais importante que a concordância.

Autoavaliação da habilidade do líder em saber ouvir

O atendimento de queixas e reclamações é uma excelente oportunidade para o líder operacional autoavaliar sua habilidade em saber ouvir.

O modelo a seguir deve ser utilizado imediatamente após um atendimento e servirá como guia para um processo de melhoria contínua.

1. Você deu plena atenção ao interlocutor?

Sim		Em parte		Não
5 ( )	4 ( )	3 ( )	2 ( )	1 ( )

2. Você pareceu dar importância ao que foi dito?

Sim		Em parte		Não
5 ( )	4 ( )	3 ( )	2 ( )	1 ( )

3. Você evitou interromper o interlocutor?

Sim		Em parte		Não
5 ( )	4 ( )	3 ( )	2 ( )	1 ( )

4. Você incorreu em prejulgamento?

Sim		Em parte		Não
5 ( )	4 ( )	3 ( )	2 ( )	1 ( )

5. Você fez perguntas construtivas?

Sim		Em parte		Não
5 ( )	4 ( )	3 ( )	2 ( )	1 ( )

6. Você respeitou o ritmo do interlocutor?

Sim		Em parte		Não
5 ( )	4 ( )	3 ( )	2 ( )	1 ( )

7. Você resumiu quando necessário?

Sim		Em parte		Não
5 ( )	4 ( )	3 ( )	2 ( )	1 ( )

8. Você refraseou quando necessário?

Sim		Em parte		Não
5 ( )	4 ( )	3 ( )	2 ( )	1 ( )

Avaliação dos resultados:

- Excelente   Igual ou superior a 32 pontos
- Bom   De 24 a 31 pontos
- Ruim   De 16 a 23 pontos
- Péssimo   Inferior a 16 pontos

O respeito e a confiança no ambiente de trabalho, além de fundamentais para uma convivência harmônica, constituem a base para a implementação de um processo de comunicação estruturado capaz de garantir o engajamento dos colaboradores e das equipes com os objetivos e metas setoriais.

A comunicação estruturada é o tema em que focaremos nossa atenção no próximo capítulo.

CAPÍTULO 5

A comunicação estruturada a serviço das boas relações no ambiente de trabalho — Técnicas e práticas

Como vimos nos capítulos anteriores, a comunicação representa a expressão da liderança, a forma como o líder operacional irá inspirar e engajar o setor e os liderados sob sua responsabilidade, com os valores, objetivos e metas da empresa.

> *Certa vez, ao apresentarmos os resultados de um processo de avaliação das lideranças operacionais para os gerentes de uma empresa industrial de grande porte, um deles contestou a baixa avaliação de um determinado líder operacional. Ele alegava que, ao contrário, o considerava excelente e que ele apenas não conseguia se comunicar de forma adequada com a equipe devido à timidez.*
>
> *Demorou um tempo para convencê-lo de que a timidez é uma característica que não condiz com a função de um líder operacional. No entanto, é possível de ser superada por meio de sensibilização, capacitação e prática continuada.*

Saber ouvir praticando a escuta ativa e receptiva, atender queixas ou reclamações e dar feedback são essenciais para o desenvolvimento de uma comunicação estruturada do líder para com os liderados de forma individual e com a equipe de forma coletiva. Esse processo, por sua vez, requer do líder operacional o conhecimento e a habilidade no uso de técnicas de comunicação individual e coletiva, apresentadas a seguir.

▪ Os componentes básicos do processo de comunicação estruturada

Você, líder operacional, ao se comunicar, deverá ter em conta os três componentes básicos para um processo de comunicação eficaz. Ao utilizá-los, você será capaz de fazer com que seus liderados entendam e assimilem as informações e as mensagens que estão sendo comunicadas e ajam em consonância com elas.

- O primeiro componente se refere aos **dados.** Eles são responsáveis pela consistência das informações que você utilizará ao se comunicar com os liderados. Para garantir a consistência das informações, os dados deverão ser verdadeiros, perceptíveis de forma clara, serem significativos e fazer sentido, conectando-se com os interesses pessoais dos colaboradores.

- O segundo componente diz respeito às **informações.** São elas que garantirão a importância das mensagens aos colaboradores, por meio da combinação adequada dos dados e da correlação entre causas e efeitos.

- O terceiro são as **mensagens.** Estas deverão ser repassadas de forma a garantir que sejam recebidas, entendidas e assimiladas pelos colaboradores, agindo em consequência.

DADOS	INFORMAÇÕES	MENSAGEM
Garantem a consistência da informação	Garantem a significância da mensagem	Garantem o recebimento e assimilação da informação

Figura 1 • Componentes básicos do processo de comunicação

Como exemplo, o líder operacional de um determinado setor da produção de uma indústria química estava preocupado com a quantidade de acidentes com lesões nas mãos dos operadores. Essas lesões eram provocadas pelo manuseio de produtos químicos e acabavam resultando em alguns afastamentos do trabalho.

Ao analisar de maneira mais atenta o relatório de equipamentos de proteção individual do setor, ele percebeu uma redução no consumo de luvas especiais de proteção utilizadas pelos colaboradores. Observando a linha de produção, o líder pôde visualizar alguns operadores utilizando luvas desgastadas em excesso. Isso permitia o contato dos produtos químicos com as mãos, provocando as lesões e os respectivos afastamentos.

Assim, foi possível estabelecer uma correlação entre causa (uso de luvas inadequadas) e os efeitos (lesões nas mãos e afastamentos do trabalho). Isso deu consistência às informações e valor à mensagem que ele repassou aos colaboradores. E com a ajuda da área de segurança do trabalho, foi possível fazer valer a estrita observância das normas de segurança do trabalho.

O que teria acontecido se o líder, no caso anterior, não estivesse atento e praticado os passos relacionados aos componentes básicos do processo da comunicação, incluindo, especialmente, a mensagem sobre a observância das normas de segurança no trabalho? Provavelmente teria obtido um ou mais dos resultados negativos a seguir:

- Falta de comprometimento com o programa institucional de segurança e medicina do trabalho.
- Não comprometimento dos colaboradores com a legislação e com as normas da empresa.
- Desconhecimento dos riscos e seus impactos.
- Continuidade da prática de comportamentos inadequados.
- Ocorrência de acidentes e doenças profissionais.
- Reflexos negativos no ambiente de trabalho.
- Não cumprimento de metas.

Outro exemplo pode deixar mais clara a importância da mensagem e seus efeitos no processo da comunicação.

Um líder operacional, ao retornar do almoço, passava por um grande galpão industrial em plena atividade, indo em direção ao seu local de trabalho. Foi quando observou dois profissionais, provavelmente da área de manutenção, sobre uns andaimes, numa altura aproximada de oito metros. O líder reparou que não estavam utilizando os cintos de segurança, como manda a norma interna. Ele percebeu ainda que alguns outros colaboradores que caminhavam nas proximidades também estavam observando a cena.

Como estava com uma certa pressa, e os profissionais não pertenciam à sua equipe, não deu maior atenção ao fato. No entanto, ele não percebeu que a sua atitude de "não comunicar" diretamente os profissionais envolvidos ou o seu líder, representava igualmente um ato de comunicação. Esse ato tinha o mesmo poder de influência, só que negativa, sobre os colaboradores.

Leia com atenção o exercício a seguir e, ao final, responda às questões formuladas.

Joaquim é proprietário da Padaria Matriarcal há mais de 15 anos, situada sempre no mesmo endereço.

Além dos variados e saborosos pães, a Matriarcal produz doces e salgados, tanto para venda no varejo quanto para festas e eventos. Ela conta ainda com um minimercado e um concorrido espaço para happy hour, onde são servidos salgados, caldos e bebidas.

A Matriarcal funciona em dois turnos e conta com um quadro de funcionários composto de 7 pessoas por turno, sendo: 1 padeiro, 1 auxiliar, 1 caixa e 4 atendentes.

Nos últimos dois meses, a padaria obteve, respectivamente, um faturamento mensal de R$75.500,00 e R$62.800,00 com esse mesmo quadro de funcionários, enquanto a média de faturamento no último ano foi de R$110.000,00 por mês.

Preocupado, Joaquim já estava pensando em demitir funcionários e eliminar alguns produtos e serviços. Foi quando resolveu procurar as causas para a queda brusca no faturamento. E eis que ele obteve algumas respostas:

- Os clientes frequentadores do happy hour estavam procurando a concorrência, pois se queixavam da demora no atendimento.

- O setor de pães não atendia à demanda do bairro, enquanto o setor de doces e salgados tinha produtos em excesso.
- Havia picos no atendimento entre 17h30 e 18h00, concentrados nos setores de pães e happy hour, enquanto o setor de encomendas estava quase sempre com pouco atendimento.
- Foram detectados problemas de qualidade no setor do minimercado, inclusive com alguns produtos fora do prazo de validade sendo adquiridos pelos clientes.

Mesmo diante dessas constatações, Joaquim não sabia o que fazer, pois estava ocupado com os problemas administrativos, como negociação com fornecedores e pagamento de contas. Assim, ele acabou deixando o tempo passar sem nada fazer.

Com o agravamento da situação financeira da Matriarcal, Joaquim resolveu reunir os funcionários para discutir os problemas e apresentar suas decisões.

Aqui estão alguns trechos da conversa que ele teve com os funcionários:

"Pessoal, tenho percebido que há desequilíbrios nas funções aqui na Matriarcal. Está faltando espírito de cooperação entre a gente. Enquanto uns estão sobrecarregados, outros estão apenas contemplando, a distância, o sufoco alheio. Temos que compreender que a Matriarcal é nossa fonte de renda e que, para sairmos dessa crise e voltarmos a obter sucesso, temos que nos unir e oferecer aos nossos clientes tudo que desejam. Isso passa por um excelente atendimento e por produtos com a máxima qualidade a preços competitivos.

Temos que aumentar o faturamento da padaria e não podemos contratar mais ninguém nessa situação.

A partir de hoje espero de cada um mais comprometimento para, assim, passarmos a trabalhar como uma verdadeira equipe. Com a ajuda de todos, venceremos essa crise. Conto com vocês!"

Questões:

- *Quais são os dados de que Joaquim dispunha? Eles eram verdadeiros e perceptíveis de forma clara? Eram significativos e estavam alinhados aos interesses pessoais dos funcionários?*
- *Quais são as informações que Joaquim conseguiu extrair da combinação desses dados? Elas garantiam a importância das mensagens transmitidas aos funcionários, por meio da correlação entre causas e efeitos?*
- *Houve algum ato de não comunicação? Caso a resposta seja afirmativa, em que momento ele ocorreu?*
- *Quais foram as mensagens para a equipe? Na sua opinião, elas foram suficientes para garantir que seriam recebidas, entendidas e assimiladas pelos funcionários, fazendo com que passassem a agir de acordo com elas?*
- *No período em que Joaquim não se comunicou com os funcionários, qual foi a mensagem entendida por eles?*

Estratégia para aumentar a eficácia da comunicação no ambiente de trabalho, combinando objetivos e meios de comunicação

Ao se comunicar no ambiente de trabalho, o líder operacional deve ter em mente um, dois ou três dos seguintes objetivos:

- **Oficializar** uma mensagem que contemple informações importantes e que façam sentido para o colaborador ou para a equipe.

- Promover o correto e completo **entendimento** tanto das informações quanto da mensagem decorrente delas.

- **Motivar** os colaboradores para assimilar o conteúdo da mensagem e agir em consonância com ela.

De outra parte, as empresas e os líderes de equipes contam com uma série de meios e dispositivos para se comunicar com os colaboradores:

- **Escritos**, como: jornais, revistas, avisos, memorandos internos, fichas de trabalho e notificações.

- **Verbais**, como: reuniões de trabalho, reuniões de segurança, diálogos e palestras.

- **Audiovisuais**, como: projetores, rádios, televisores, alto-falantes, quadros de aviso, outdoors, flipchart e quadro de avisos.

- **Eletrônicos**, como: notebooks, smartphones, comunicadores instantâneos (ex.: WhatsApp) e outros aplicativos.

Escrito   Verbal

Audiovisual   Eletrônico

Figura 2 • Meios de comunicação no ambiente de trabalho

A estratégia para aumentar a eficácia da comunicação consiste em combinar de forma adequada os objetivos com os meios e dispositivos disponíveis:

- Quando o objetivo principal é **oficializar** uma informação e o objetivo secundário é promover o seu **entendimento,** o meio mais indicado é o **escrito** — "o que está escrito vale", diz um dito popular.

- Quando o objetivo principal é promover o **entendimento** e o secundário é **motivar** os colaboradores a fazer ou deixar de fazer alguma coisa, o meio mais indicado é o **verbal** — "conversando a gente se entende", diz outro dito popular.

- Quando o objetivo principal é **motivar** os colaboradores a fazer ou deixar de fazer alguma coisa, e o secundário é promover o **entendimento**, o meio mais indicado é o **audiovisual** — "a propaganda é a alma do negócio", complementa esse terceiro dito popular.

- Quando o objetivo principal é se **manter atualizado**, os meios mais indicados são os **eletrônicos**.

- Com o desenvolvimento dos recursos da internet e das redes sociais, a utilização dos meios **eletrônicos** já se transformou numa realidade nos ambientes de trabalho. Ignorar os seus impactos, ou não saber utilizá-los, deixará o líder operacional em condições inferiores na grande batalha das comunicações deste século.

A estratégia de utilização simultânea e sincronizada dos meios escritos, verbais, audiovisuais e, especialmente, os eletrônicos tem a capacidade de aumentar ainda mais a eficácia da comunicação estruturada. Isso porque é dessa forma que os principais objetivos serão alcançados em menor tempo. Além disso, permite oficializar e promover o entendimento das informações e mensagens, bem como motivar os colaboradores na direção dos interesses coletivos.

Quando o líder operacional tem pela frente alguma mudança de alta complexidade e impacto no ambiente de trabalho, essa é a estratégia recomendada.

Recentemente fomos contratados para assessorar uma grande empresa metalúrgica do interior do estado de São Paulo, numa região altamente politizada em termos sindicais.

Tratava-se da mudança do regime de trabalho em turnos. A mudança se daria do modelo de revezamento, em que os colaboradores trocam de turnos — matutino, vespertino e noturno — a cada semana, para o modelo de horários fixos, no qual eles sempre trabalham no mesmo turno.

O tema relacionado a regimes, escalas, jornadas e horários de trabalho e descanso é da mais alta sensibilidade. Além de impactar a produtividade e os custos das empresas, ele também altera substancialmente o modo de vida profissional, pessoal, familiar e social dos colaboradores.

Essa mudança também afetava a estrutura da remuneração. Dois terços dos colaboradores deixariam de receber os valores proporcionais correspondentes ao adicional noturno, e um terço passaria a receber esse adicional de forma integral. Para complicar ainda mais a situação, a direção do sindicato laboral era ideologicamente contra o regime de trabalho em turnos com horários fixos.

Além das estratégias relacionadas ao processo de negociação com o sindicato — intermediado pelo Ministério Público do Trabalho e pela Justiça do Trabalho —, a participação ativa e compromissada da liderança operacional foi decisiva. Com o suporte dos meios escritos, audiovisuais e eletrônicos, o foco da estratégia foi a comunicação verbal, por meio de diálogos individuais e coletivos entre os líderes operacionais e os colaboradores.

O processo de mudança acabou demorando um tempo maior que o usual, devido às mobilizações sindicais. Durante esse processo, os líderes operacionais se mantiveram física e psicologicamente próximos dos liderados. Essa condição foi fundamental para a conclusão do processo de mudança e assinatura de um acordo coletivo do trabalho — um que atendeu às expectativas das partes, colocando um ponto final na situação.

A seguir são apresentadas as diferentes necessidades de comunicação.

Como forma de exercício, identifique e justifique o(s) meio(s) de comunicação (escrito, verbal, audiovisual ou eletrônico) mais adequado(s) para cada uma das situações apresentadas:

- A dona de casa vai ao shopping e precisa informar ao filho de 8 anos que, assim que ele chegar da escola, o almoço estará pronto no forno.
- A mesma dona de casa precisa informar à sua empregada doméstica — que não sabe ler — que ela deverá receber uma encomenda nesse dia.
- Uma grande fabricante de automóveis tem que informar seus clientes que estará com uma superpromoção na sua linha popular.
- Um cachorrinho foi perdido; sua dona é proprietária da perfumaria que fica na esquina mais movimentada do bairro.
- Você precisa transmitir uma planilha de custos para seu colega que está em outro estado.
- O presidente da República precisa informar a toda população uma alteração importante na nossa Constituição.
- Um líder sindical precisa informar aos colaboradores de uma empresa o índice de aumento salarial proposto pela empresa.
- João precisa convidar seu vizinho Oséas para uma partida de futebol.

- O gerente de recursos humanos da empresa precisa comunicar a todos os colaboradores que haverá uma alteração no horário de trabalho daqui a dois dias.

Os modelos de comunicação a serviço da força motora da empresa

As empresas modernas buscam, de forma incessante, estratégias de comunicação capazes de engajar e impulsionar a sua força de trabalho na direção do sucesso. E obviamente as empresas estão cientes da importância do líder operacional, como o principal elo entre o capital e o trabalho. Você é quem está na linha de frente, em contato direto e permanente com os colaboradores, aqueles que fazem acontecer o que foi planejado.

Os quatro modelos básicos de comunicação — de **rotina**, **descendente**, **ascendente** e em **situações de crise** — fluem, em última instância, através de você, líder operacional.

A comunicação **de rotina** é aquela que faz a empresa andar, preferencialmente, para a frente. Ela pode ser escrita, verbal, audiovisual ou eletrônica e diz respeito às atividades do cotidiano do ambiente de trabalho. Entre elas estão os programas de produção, de manutenção, de relacionamento entre as diferentes áreas e setores. Além disso, está presente nas reuniões de trabalho e nos programas institucionais como segurança e qualidade.

Ela pode ocorrer em todos as direções e níveis da estrutura hierárquica e funcional. Representa a dinâmica do funcionamento da empresa e ocorre de forma ininterrupta. Qualquer ruptura na comunicação de rotina poderá causar prejuízos imensuráveis, tanto para a empresa quanto para os colaboradores, por exemplo: queda da produtividade, falhas no atendimento aos clientes, acidentes com pessoas, máquinas e equipamentos, passivos trabalhistas e responsabilidades sociais.

Considerando a dinâmica do ambiente de trabalho e a quantidade de obrigações diárias sob a sua responsabilidade como líder operacional, a melhor estratégia a ser adotada é compartilhar essas obrigações com os seus liderados. Isso dependerá do grau de respeito e confiança que existe na sua relação com a equipe, em geral, e com cada colaborador, em particular. Para que esse compartilhamento de obrigações de rotina tenha sucesso, é necessário estabelecer com cada liderado um contrato interpessoal de trabalho — descrito no Capítulo 3 —; contrato esse que requer ser mantido em equilíbrio de forma permanente.

A comunicação **descendente** (de cima para baixo) é aquela que a direção determina e orienta a força de trabalho.

Sem direção se pode ir a qualquer lugar, mas pode não se chegar a lugar algum. É preciso saber onde a empresa se encontra, por onde caminha, aonde e quando quer chegar. E mais, o quanto esse direcionamento tem a ver com as suas expectativas pessoais e profissionais. O conhecimento que adquirimos sobre o ambiente de trabalho nas empresas brasileiras ao longo da nossa trajetória profissional nos permite afirmar que essa é uma necessidade natural dos colaboradores.

Como mencionado no Capítulo 3, a sua comunicação, como líder, para com os liderados deve contemplar esse direcionamento de forma clara. Se não dispuser das informações necessárias, procure-as com seus superiores hierárquicos ou com as áreas de apoio — como recursos humanos, relações trabalhistas e sindicais, qualidade e segurança no trabalho.

> *Há algum tempo, uma empresa do setor de alimentação, situada no interior de uma das maiores favelas do município de São Paulo, se sentiu compelida, em razão da atividade, a mudar sua fábrica para uma região mais apropriada. O local escolhido ficava a uma distância de aproximadamente 100 quilômetros.*
>
> *Tratava-se de uma empresa percebida pelos empregados como excelente para se trabalhar. Seu menor salário equivalia a aproximadamente quatro salários mínimos da época. Os benefícios e serviços oferecidos aos empregados eram de primeira qualidade. Como consequência, o turnover era baixíssimo.*
>
> *Fomos contratados pela empresa para assessorá-los no processo de mudança.*
>
> *A direção da empresa tinha interesse em manter a sua força de trabalho e convidou todos os empregados para se mudar para a nova região. Obviamente, dependia do interesse de cada um e dos seus respectivos familiares.*
>
> *Entre as estratégias adotadas, uma das principais foi uma comunicação de cima para baixo, tendo como suporte direto os líderes operacionais. Eles fizeram o meio de campo, o que muito contribuiu para o sucesso do projeto, e a maioria aceitou acompanhar a empresa.*

A comunicação **ascendente** (de baixo para cima) é aquela que gera a confiança, o comprometimento e o engajamento dos colaboradores para com a empresa, com seus valores, objetivos e metas.

No caso da empresa de alimentos, citada anteriormente, a comunicação **de baixo para cima** também fez parte das estratégias adotadas. Isso foi o que garantiu uma mudança tranquila da fábrica, sem incidentes relevantes de qualquer natureza. Igualmente fundamental foi a participação dos líderes operacionais, dentre os principais interlocutores entre a direção e os empregados.

Todas as dúvidas e questionamentos — e eram muitos — foram direcionados por intermédio dos líderes operacionais e esclarecidos pela direção com o suporte da área de recursos humanos. Dessa forma foi possível estabelecer um clima de confiança capaz de superar os pequenos incidentes ocorridos no processo de mudança dos colaboradores que aceitaram acompanhar a empresa, bem como nos processos de desligamentos daqueles que optaram por deixar a empresa.

A comunicação em **situações de crise** é aquela que restaura e mantém a autoridade, a ordem e a disciplina no ambiente de trabalho.

O que caracteriza uma crise num ambiente de trabalho, dependendo da sua abrangência, extensão e profundidade — como uma demissão coletiva, uma paralisação do trabalho decorrente de um acidente de grandes proporções ou de uma greve —, é a perda da autoridade formal, o que pode acarretar atos de desordem e indisciplinas. Em decorrência disso, dois tipos básicos de comunicação podem ser adotados.

O primeiro — unilateral — deve ser o último a ser adotado.

O segundo — bilateral — que se dá por meio do diálogo e do entendimento; é o mais indicado.

Aí está também a figura do líder operacional como principal interlocutor entre a empresa e os colaboradores.

O momento de uma crise é quando a relação de respeito e confiança entre você, líder operacional, e seus liderados poderá ser testada. Tudo o que você compartilhou e construiu com seus liderados será determinante na manutenção da autoridade, da ordem e da disciplina no ambiente de trabalho, ou na recuperação delas, se porventura tiverem sido perdidas ou quebradas.

Uma crise no ambiente de trabalho é uma condição anormal, diferente daquela com a qual se está acostumado, e, como tal, deve ser encarada por você. E qualquer que seja a natureza dela, é o momento que os seus liderados mais precisam contar com o seu apoio e, em contrapartida, é o momento em que você também precisa contar com eles.

O importante é sair dela fortalecido, e a estratégia mais indicada para isso é fazer o que tem que ser feito **junto** com sua equipe, e **diferente** e **melhor** do que já foi feito antes. Se você fizer mais do mesmo, provavelmente não será suficiente. E essa situação requer uma comunicação direta e objetiva; é uma oportunidade para a prática do **exercício da liderança** por meio do diálogo, individual e coletivo.

Quando eu, Heli, trabalhava como gerente de recursos humanos de uma grande empresa metalúrgica localizada no ABC paulista — uma região altamente politizada em termos sindicais –, tive a oportunidade de presenciar o exercício da liderança por meio do diálogo.

Eram cinco horas da manhã do primeiro dia de uma greve planejada há meses, para todas as empresas da região. Na calçada em frente à portaria de acesso da empresa em que eu atuava, se encontravam os sindicalistas organizadores da greve e os chamados "piqueteiros", formando uma barreira que impedia os empregados de ingressarem na empresa. Os empregados, com receio de serem agredidos, foram se acumulando na calçada do outro lado da rua, e nós — eu e outros colegas gerentes — nos encontrávamos no interior da empresa assistindo à cena, perplexos e indecisos em relação ao que fazer.

Num determinado momento, um empregado atravessou a rua calmamente e, surpreendendo os "piqueteiros", ingressou na empresa, dirigindo-se ao vestiário. Poucos minutos depois, saiu do vestiário com o uniforme da empresa e com um capacete verde, que identificava sua função como líder operacional — na época, era denominado de supervisor.

Ao invés de ingressar na área industrial, voltou novamente para o meio da rua e, sob o olhar surpreso de todos, acenou para alguns empregados que se encontravam no outro lado, seus liderados. Foi até lá e reuniu-se com eles formando um círculo, no estilo de um capitão com a equipe de futebol antes do início do jogo. Após conversar com os liderados por dois ou três minutos, todos dirigiram-se para a portaria e — novamente surpreendendo os "piqueteiros" — ingressaram na empresa indo direto para o vestiário.

Imediatamente na sequência, outros empregados — que constatamos serem também supervisores — adotaram atitudes semelhantes. Eles chamaram seus liderados e ingressaram na empresa, sem que as lideranças sindicais e os "piqueteiros" pudessem impedi-los.

Essa greve teve a duração de 47 dias, uma das maiores da história sindical do Brasil.

Nos dias seguintes, os sindicalistas empreenderam, sem sucesso, outras tentativas de impedir o acesso dos empregados ao trabalho naquela empresa, sendo que algumas dessas tentativas foram através de atos de agressão.

Como eu estava há pouco tempo na empresa, uns 15 dias antes da greve, aproveitando para conhecer de perto a liderança, fiz várias reuniões com os 300 líderes operacionais. Nessas oportunidades, pude conscientizá-los sobre a improcedência da greve, considerando a excelente carteira de benefícios que a oferecia aos colaboradores. Consegui identificar que vários supervisores, após esses encontros de conscientização, conversaram com as equipes a respeito do assunto, de forma clara e objetiva. Agindo dessa forma, por meio do diálogo, conseguiram fazer com que a empresa e todos os colaboradores enfrentassem a crise, saindo dela juntos e fortalecidos.

Os estilos de comunicação da liderança — como e quando utilizar

No cotidiano do ambiente de trabalho, os dois estilos básicos de comunicação utilizados são denominados **unilateral** — quando é requerido dos colaboradores o cumprimento de determinadas tarefas — e **bilateral** — quando, além disso, é requerido da equipe um maior envolvimento, participação e colaboração. A escolha do estilo mais eficaz de comunicação dependerá da análise da situação-problema a ser enfrentada e resolvida pelo líder, por intermédio da equipe.

Embora sejam vários os componentes da situação que influenciam o estilo de comunicação a ser escolhido, os mais importantes, em geral, são: o **tempo** disponível, a **complexidade** do tema e a **estrutura do poder** existente entre líder e liderados.

A escolha do estilo de comunicação, portanto, deve ser iniciada pela identificação de como cada um desses três aspectos, considerados de primeira ordem, se apresenta na situação dada, seguida da análise da forma em que eles se combinam.

Assim, as perguntas mais adequadas para se buscar uma orientação seriam as seguintes:

- Existe, ou não, pressão de **tempo**?
- Qual é a **complexidade do assunto** em questão?
- Você, como líder, detém ou não uma **liderança efetiva** sobre seus liderados?

Fatores de Influência	Elementos de Referência	Unilateral	Bilateral
Tempo	Planejar e executar	Pouco	Suficiente
Complexidade	Do tema	Baixa	Alta
Estrutura de Poder	Percebida na empresa	Definida	Tênue

Figura 3 • Estilos de comunicação — fatores de influência

Por exemplo, se há pressão de tempo, se o assunto é simples e se você, como líder, detém uma liderança efetiva sobre a equipe, o modelo mais eficaz de comunicação a ser adotado é o unilateral.

Ao contrário, não havendo pressão do tempo, o assunto sendo de maior complexidade e uma liderança ainda em formação do líder sobre a equipe, o estilo bilateral é o mais indicado.

A escolha de um estilo de comunicação baseada na análise anterior pode não ser definitiva. Caso ainda existam dúvidas, convém considerar outros aspectos complementares — ou de segunda ordem — que, dependendo do caso, podem ser decisivos:

- O grau de formalismo requerido pelo assunto.
- A sua capacidade explanatória como líder da equipe.
- A capacidade de assimilação dos liderados em relação às informações envolvidas no assunto em questão.

Conhecer, entender e aplicar os estilos de comunicação no cotidiano das relações no trabalho representam uma ferramenta de gestão de grande utilidade para você, líder operacional, especialmente quanto aos objetivos a serem alcançados com o processo de comunicação.

A metodologia que norteia a aplicação desses dois estilos de comunicação compreende quatro ações distintas e complementares:

1. **Objetivar,** explicitando claramente o que é e o porquê daquilo que se quer obter.

2. **Explicar,** planejando e utilizando os argumentos de forma adequada, seguidos de perguntas que facilitem o entendimento.

3. **Motivar,** visando despertar o interesse dos colaboradores para entender o que você está explicando.

4. **Checar,** certificando-se que a sua mensagem foi entendida e assimilada, incentivando os colaboradores a agirem em consonância.

Ao desenvolver essas ações, você deve considerar os focos de abordagem mais pertinentes ao estilo de comunicação escolhido. Deve-se ter em conta que o estilo unilateral está mais na linha de se **cumprir** o que foi determinado, enquanto o estilo bilateral está mais na linha de se obter a **colaboração** dos liderados.

FOCOS DE ABORDAGEM	
Unilateral	**Bilateral**
O quê	O porquê
Onde / Quando Como / Quem	O que você acha?
Solução	Oportunidade
Resumo	Sugestões

Figura 4 • Estilos de comunicação — focos de abordagem

Leia com atenção o exercício a seguir, que apresenta quatro variações (A, B, C e D) de uma mesma situação. O que varia, em cada caso, são os componentes da situação citados anteriormente.

Coloque-se no lugar do chefe do setor de produção em cada situação (A, B, C e D):

- Identifique os componentes da situação: pressão do **tempo, complexidade do assunto** e a **estrutura do poder** indicada pela efetividade da liderança sobre os liderados.

- Escolha o estilo de comunicação — unilateral ou bilateral — que à primeira vista seria o mais indicado em face à situação.

- Valide a escolha do estilo de comunicação — unilateral ou bilateral — à luz de outros aspectos situacionais envolvidos, como: o grau de formalismo requerido pelo assunto; a capacidade explanatória do líder da equipe e a capacidade de assimilação dos liderados em relação às informações envolvidas.

SITUAÇÃO A

Você é chefe do setor de produção da fábrica ALFA, subordinado diretamente ao gerente do departamento de fundição.

Você ocupa o cargo há sete anos e comanda sete equipes, que totalizam 89 pessoas. Pelo que você sabe, todas elas "sabem muito bem quem é o chefe" e você já demonstrou sê-lo técnica e administrativamente.

São 17h de uma sexta-feira. A mudança de turno ocorre às 18h.

Há muito tempo que o gerente do departamento de fundição vem estudando a substituição de uma linha de fornos, já obsoleta, no setor. Nela trabalham atualmente sete serventes. A maioria tem de cinco a sete anos de serviço no setor, apresenta nível escolar primário e alguns são até semianalfabetos.

Do ponto de vista técnico, a mudança em pauta é uma coisa simples (a instalação demora dois dias e o início é imediato) e permitirá um acréscimo de 30% na produção, sem alteração no quadro de pessoal.

Hoje você recebeu um comunicado por escrito e assinado pelo gerente propiciando a substituição da linha de fornos pela nova. Ela se dará durante este fim de semana e lhe foi garantido todo o apoio necessário.

SITUAÇÃO B

Você é o chefe do setor de produção da fábrica ALFA, subordinado diretamente ao gerente do departamento de fundição.

Você ocupa seu cargo há dois meses e comanda sete equipes que totalizam 89 pessoas. Desde que você assumiu, os colaboradores vêm se mostrando um tanto arredios quanto a obedecer às suas ordens. Em várias oportunidades, eles têm partido para a ação após lhe fazer várias perguntas, como se estivessem testando-o e, mesmo assim, o fazem com algum atraso.

São 11h de uma sexta-feira. A mudança de turno ocorre às 18h.

Há muito tempo que o gerente do departamento de fundição vem estudando a substituição de uma linha de fornos, já obsoleta, no setor. Nela trabalham atualmente sete serventes.

Do ponto de vista técnico, a mudança em pauta não é uma coisa simples. Ela permitirá um acréscimo de 30% na produção, sem alteração no quadro de pessoal, mas acarretando uma mudança no local e no layout.

Hoje você recebeu um comunicado por escrito e assinado pelo gerente, propiciando a substituição da linha de fornos pela nova. Ela se dará no fim deste mês.

SITUAÇÃO C

Você é o chefe do setor de produção da fábrica ALFA, subordinado diretamente ao gerente do departamento de fundição.

Você ocupa o cargo há dois meses e comanda sete equipes, que totalizam 89 pessoas. Pelo que você sabe, todas elas "sabem muito bem quem é o chefe" — pelo menos é o que parece.

São 16h de uma sexta-feira. A mudança de turno ocorre às 18h.

Há muito tempo que o gerente do departamento de fundição vem estudando a substituição de uma linha de fornos, já obsoleta, no setor. Nela trabalham atualmente sete serventes.

Do ponto de vista técnico, a mudança em pauta não é uma coisa simples. De fato, a instalação demora dois dias, mas durante a partida, a equipe teria que "tirar produção" em condições muito precárias, revezando tarefas e horários entre seus integrantes. Um acréscimo de 30% na produção, ainda que sem alteração no quadro de pessoal, seria obtido após três semanas de trabalho nessas condições. Conseguir colocar o rearranjo das atividades no papel deverá demandar pelo menos uma hora.

Hoje você recebeu um comunicado por escrito e assinado pelo gerente, propiciando a substituição da linha de fornos pela nova. Ela se dará durante este fim de semana. Foi-lhe prometido também todo o apoio e o que for necessário para a mudança.

SITUAÇÃO D

Você é chefe do setor de produção da fábrica ALFA, subordinado diretamente ao gerente do departamento de fundição.

Você ocupa o cargo há dois meses e comanda sete equipes que totalizam 89 pessoas. Desde que assumiu, os colaboradores vêm se mostrando um tanto arredios quanto a obedecer às suas ordens. Em várias oportunidades, eles têm partido para a ação após lhe fazer várias perguntas, como se o estivessem testando e, mesmo assim, com algum atraso. Os colaboradores são experientes e conhecedores do setor, mas o nível de instrução deles é primário.

São 11h de uma sexta-feira. A mudança de turno é às 18h.

Há muito tempo que o gerente do departamento de fundição vem estudando a substituição de uma linha de fornos, já obsoleta, no setor. Nela trabalham atualmente sete serventes.

Do ponto de vista técnico, a mudança em pauta é uma coisa simples. O acréscimo de 30% na produção, ainda que sem alteração no quadro de pessoal, seria obtido após três semanas de trabalho em condições, quase normais. Planejar a mudança deverá demandar pelo menos três horas.

Hoje você recebeu um comunicado por escrito e assinado pelo gerente, propiciando a substituição da linha de fornos pela nova. Ela se dará durante este fim de semana.

Processo de comunicação estruturada

Ao longo de nossa trajetória de consultores, ouvimos de inúmeros gestores e líderes operacionais as dificuldades em repassar, no ambiente de trabalho, informações, mensagens, objetivos e metas, de forma que houvesse um entendimento claro por parte dos colaboradores sobre os seus conteúdos e orientações. Além disso, havia problemas para que estes empreendessem ações ou adotassem, em consequência, novos comportamentos e atitudes frente aos obstáculos e desafios.

A dinâmica do ambiente de trabalho, a necessidade de estimular os colaboradores para uma participação responsável no dia a dia, a importância e a complexidade do tema relações trabalhistas e sindicais aliados aos reflexos que podem causar uma má informação me motivaram a escolher e adaptar o Processo de Comunicação Estruturada. Entendo que este seja o mais indicado para situações que envolvem maior complexidade e impacto.

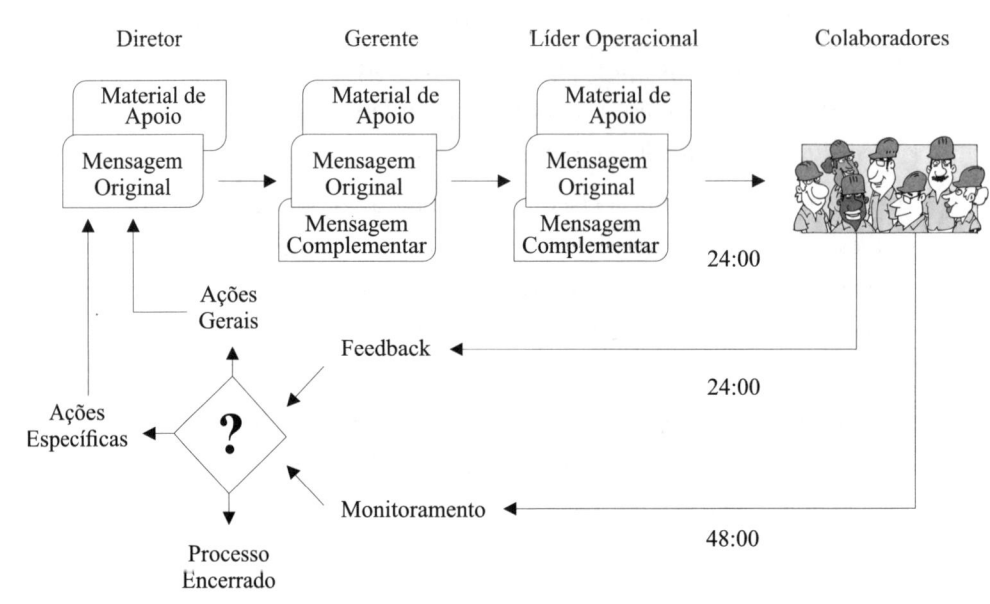

Figura 5 • Processo de comunicação estruturada

O Processo de Comunicação Estruturada foi desenvolvido tendo como referência o conceito de *briefing groups in the workplace*. É por meio desse processo que as informações e mensagens emanadas da direção da empresa ou da unidade chegam até os colaboradores por intermédio do líder operacional. Isso acaba por legitimar e preservar seus conteúdos e intenções, garantindo o seu correto entendimento e estimulando-os a agir em consonância.

A primeira aplicação do Processo de Comunicação Estruturada ocorreu quando eu, Heli, exercia a função de gerente de recursos humanos na unidade operacional de uma grande empresa metalúrgica localizada no ABC, berço do renascimento sindical brasileiro.

Tratava-se de uma situação de negociação trabalhista coletiva muito complexa e com grandes riscos de ocorrência de greve. A participação responsável dos colaboradores era considerada fundamental para que o processo fosse conduzido num ambiente de confiança e com agilidade.

Apesar da gravidade da situação e da efetividade da atuação sindical, o processo de comunicação e a atuação dos líderes operacionais foram fundamentais para os resultados positivos da negociação coletiva. Tanto que, na sequência, o mesmo modelo foi implantado nas demais unidades operacionais da empresa.

Ao receber a tarefa de realizar alguma comunicação aos seus liderados, você deverá se certificar de que haja o correto entendimento do conteúdo, dos dados, das informações e, especialmente, da mensagem a ser transmitida. Uma forma prática para isso é fazer um *brainstorming* sobre os prováveis questionamentos dos colaboradores com as respectivas respostas. Quanto mais difíceis forem os questionamentos imaginados e mais elaboradas forem as respostas, mais eficiente será o processo.

Durante o processo da comunicação estruturada com a equipe, o líder operacional deve ficar atento a três pontos básicos:

1. Quais as questões que estão gerando dúvidas, e se estas estão sendo devidamente esclarecidas ou não.

2. Quais as questões que estão gerando discordâncias — expressas ou veladas —, se elas estão sendo esclarecidas e se os colaboradores estão ficando convencidos ou não.

3. Se as reações percebidas estão sendo positivas, negativas ou indiferentes.

Essa atenção é essencial para se aferir a eficácia de qualquer processo de comunicação. Isso permitirá que você, seus superiores e a área de recursos humanos e comunicação tomem medidas corretivas ágeis e seguras.

Cabe ressaltar que, muitas vezes, as comunicações estruturadas com os colaboradores envolvem ou podem suscitar situações críticas, constrangedoras ou desagradáveis. Tais situações podem ser: respostas negativas a determinadas reclamações ou reivindicações, redução ou eliminação de benefícios e impactos de notícias ou boatos que circulam nas redes sociais. Trata-se de situações passíveis de ocorrer no ambiente de trabalho, algumas delas fora do seu controle como líder operacional e da própria empresa.

Como complemento à eficácia do processo de comunicação estruturado — em especial em situações como as citadas anteriormente —, você, líder operacional, poderá se valer de algumas dicas e recomendações. Dentre elas, destacam-se:

- Conhecer seus liderados é fundamental; aproveite e crie oportunidades para praticar um diálogo aberto e receptivo.
- Seja oportuno, escolhendo o lugar, o momento e as condições mínimas para dar e receber feedback.
- Quando estiver com a equipe, evite personalizar as falhas; converse separadamente com aqueles que cometeram erros, omissões ou atos de indisciplina.
- Seja sempre positivo e transmita confiança.

- O "não" é uma resposta tão válida quanto o "sim", desde que seja suportado por argumentos reais, esclarecedores e convincentes.

- Não deixe que qualquer conversa — individual ou coletiva — seja encerrada com dúvidas ou questionamentos importantes.

- Procure sempre promover a participação dos colaboradores na execução de tarefas ou soluções de problemas que possam conturbar o ambiente de trabalho.

Lembre-se:

- Sem credibilidade não há comunicação, e vice-versa.
- Comunicar requer transformar dados em informações.
- Nenhuma comunicação é neutra; até não comunicar significa alguma coisa.
- O valor de uma mensagem depende tanto do seu conteúdo quanto da maneira como é comunicada.
- A comunicação "olho no olho" é (quase) sempre a melhor solução; ao se comunicar com a equipe, coloque-se numa posição estratégica de modo a poder visualizar os olhos dos liderados.
- O reforço a uma mensagem é tão importante quanto a própria mensagem.
- Comunicar eficazmente é o que interessa, fazendo com que os colaboradores assimilem as mensagens e ajam em consonância com o que foi passado.

Um aspecto para o qual você, líder operacional, deverá estar preparado é lidar com colaboradores que, quando em reunião, se comportam de maneira imprópria, inconveniente ou não condizente com o ambiente. O quadro a seguir indica a tipificação desses comportamentos e as respectivas atitudes a serem adotadas.

Nostradamus: Usa uma verborreia que ninguém entente.
Atitude: Entre na primeira chance e fraseie no lugar dele. "Foi isso que você quis dizer?"
O Messias: O dono da verdade, utiliza uma oratória longa e normalmente cansa os ouvintes.
Atitude: Peça para que seja mais breve e resuma o ponto de vista dele.
O coruja: Presta muita atenção, escuta e fala pouco ou quase nada.
Atitude: Provoque-o. Peça sua opinião. Se não der, deixe-o em paz.
Ligeirinho: Apressado, está com um pé dentro e outro fora. Por mais objetivo que o assunto seja tratado, acha que estão enrolando.
Atitude: Traga-o para o seu lado.
Chatotorix: Abre a boca e todos caem em cima dele.
Atitude: Contenha a equipe e permita que ele exponha o seu ponto de vista.
Esteves: Participa de corpo, mas nunca está presente, de fato.
Atitude: Peça sua opinião sobre o assunto tratado e tente fazê-lo participar.
Zug-Zug: Questiona tudo nos mínimos detalhes.
Atitude: Sempre volte com outra questão para que ele responda e assim perceba que está incomodando o grupo.
Apocalíptico: Tudo é ruim e nada vai dar certo.
Atitude: Jogue para o grupo opinar quando você tiver certeza de que o grupo contestará a posição dele.
Sucateiro: Compra tudo, pior que seja.
Atitude: Tome cuidado para que não apoie ideias sem fundamento.

Outro aspecto muito comum quando se trata de introduzir mudanças ou inovações no ambiente de trabalho se refere ao arsenal de desculpas reativas — na maioria das vezes sem fundamentos — que podem surgir por parte de alguns colaboradores. Se elas não forem contidas, podem contaminar os demais, como os seguintes exemplos:

- O sindicato vai chiar.
- Não faz parte do meu trabalho.
- Não temos tempo.
- Os clientes não vão aprovar.
- Isso vai aumentar as despesas.
- Os colaboradores não vão aceitar.
- Não é problema nosso.
- Não estamos prontos.
- Não podemos arriscar.
- Perderíamos dinheiro com isso.
- Levaria muito tempo para dar lucro.
- Não vai funcionar nesse departamento.
- É impossível.

A melhor saída para esse tipo de situação é estimular a equipe em uma busca conjunta de algumas poucas razões que justifiquem valer a pena investir em mudanças e inovações e que você tem plena confiança na competência de cada colaborador para tanto.

Com este capítulo, encerramos o conjunto de reflexões, estratégias, metodologias, ferramentas e boas práticas de gestão a serem desenvolvidas por você, líder operacional, com o objetivo de promover o engajamento e as boas relações com liderados. Com isso, poderá alcançar e manter um ambiente de trabalho saudável, harmônico e produtivo.

A segunda parte do livro é dedicada à sua contribuição, como líder operacional, para a gestão das relações externas da empresa perante os sindicatos laborais, os órgãos públicos reguladores e fiscalizadores das relações no trabalho e as comunidades.

PARTE II

GESTÃO EXTERNA DO AMBIENTE DE TRABALHO

GESTÃO EXTERNA DO AMBIENTE DE TRABALHO

O conjunto de capítulos a seguir abordará reflexões, estratégias, metodologias, ferramentas e boas práticas para que os líderes assumam o papel de protagonistas nas relações trabalhistas e sindicais, nos processos de negociação coletiva e na gestão de eventuais conflitos trabalhistas. Você, como líder operacional, tem uma contribuição decisiva para que a empresa alcance bons resultados nas relações externas que impactam o ambiente de trabalho, especialmente aquelas relacionadas aos processos negociações com o sindicato — representante legal dos colaboradores; parte deles, seus liderados diretos.

A empresa é parte significativa da sociedade e, por essa razão, impacta e é impactada pelas comunidades onde mantém unidades operacionais, em vários aspectos econômicos e sociais. Ao longo da nossa trajetória profissional, tivemos a oportunidade de vivenciar situações críticas em que a participação do líder operacional foi determinante para as relações e negociações com setores dessas comunidades e seus representantes.

> Uma delas foi no município de Ouro Preto, em Minas Gerais, no início da década de 1980. Na época eu, Heli, fui designado pela direção de uma grande empresa do setor metalúrgico para ocupar o cargo de gerente das áreas de recursos humanos e relações com a comunidade local. A empresa era a maior empregadora da região. Além disso, contribuía com mais de 50% da fonte de receitas do município, situação muito comum em regiões remotas de nosso país continente.
>
> Durante o período em que lá trabalhei, ocorreram algumas situações em que as relações da empresa com a comunidade foram levadas a limites extremos. Uma situação importante ocorreu em setembro de 1980. Foi nesse período que o município foi agraciado com o título de Patrimônio

Cultural da Humanidade pela Organização das Nações Unidas para a Educação, a Ciência e a Cultura (Unesco), em decorrência do seu acervo histórico e cultural, suas construções e prédios históricos, obras de arte, ruas e alamedas.

A partir desse fato, as relações entre a empresa e a comunidade — até então pacíficas e cordiais — começaram a tomar novas dimensões. A imprensa e vários representantes da comunidade local iniciaram uma série de questionamentos sobre o quanto o processo produtivo da empresa provocava danos àquele patrimônio histórico e cultural.

O fato de a empresa utilizar todos os recursos tecnológicos disponíveis na época visando reduzir ao máximo os impactos dos processos operacionais passou a não ser suficiente para tranquilizar vários setores da comunidade local. Dentre as ações voltadas a manter as relações sociais em um nível de convivência saudável, organizamos uma série de ações de comunicação com os diferentes stakeholders da comunidade. Dentre essas ações, podemos destacar visitas às instalações industriais, emissão de relatórios técnicos e reuniões de esclarecimentos com os líderes comunitários.

Ao desenvolver o planejamento estratégico, resolvemos iniciar um trabalho de esclarecimento com as lideranças internas e com os próprios colaboradores da empresa. Afinal, eles são ao mesmo tempo empregados da empresa e membros da comunidade. Essa ação, somada às demais empreendidas, foram fundamentais para o reestabelecimento das boas relações com os diversos setores e representantes da comunidade. Ademais, sua eficácia em termos de credibilidade, agilidade e qualidade só foi possível com a participação e comprometimento dos líderes operacionais da empresa, por meio dos quais conseguimos o engajamento da maioria dos colaboradores.

CAPÍTULO 6

O movimento sindical brasileiro e os impactos pós-reforma trabalhista

Os sindicatos laborais, como representantes dos trabalhadores, constituem um dos principais *stakeholders* nas localidades onde as empresas desenvolvem atividades, impactando diretamente essas atividades e as relações com os colaboradores. Por tais razões, é de suma importância que você conheça como funciona o movimento sindical brasileiro, como ele está estruturado, as formas de atuação das lideranças e as diferenças entre representação e representatividade dos trabalhadores.

Há que se lembrar que existe naturalmente uma certa concorrência entre as responsabilidades e atividades das lideranças sindicais e aquelas dos líderes operacionais. Isso ocorre pois ambos representam, de um lado, os trabalhadores e, de outro, os colaboradores — ou seja, as mesmas pessoas.

O atual modelo sindical brasileiro está definido na legislação trabalhista desde 1943, quando da promulgação da Consolidação das Leis do Trabalho (CLT). Desde então, ele não sofreu alterações significativas, a não ser durante o governo de José Sarney, que tirou as centrais sindicais da clandestinidade.

O governo Lula, por meio de Lei 11.648/2008, garantiu às centrais sindicais o acesso a 10% da arrecadação compulsória anual da contribuição sindical dos trabalhadores, mediante critérios de filiação dos sindicatos e trabalhadores.

Entretanto, a reforma da legislação trabalhista promovida pelo governo Temer, com vigência a partir de novembro de 2017, extinguiu a contribuição sindical compulsória dos trabalhadores. Esse fato acabou impactando diretamente a sobrevivência não somente das centrais sindicais, mas de todos os sindicatos laborais.

Considerando o baixo nível de sindicalização dos trabalhadores, a queda da receita dos sindicatos chegou a níveis insuportáveis. Por causa disso, as centrais sindicais e os sindicatos laborais foram obrigados a adotar medidas extremas. Entre elas estão as parcerias e fusões de centrais e sindicatos similares, a venda de bens patrimoniais (como suas sedes), a demissão de empregados e corte de serviços e benefícios oferecidos aos trabalhadores.

Além da extinção da contribuição sindical compulsória, a reforma da legislação trabalhista criou três outras grandes preocupações de igual dimensão para o movimento sindical brasileiro.

A primeira delas se refere à possibilidade de a empresa negociar, de forma individual ou coletiva, diretamente com os empregados, sem a participação do sindicato representativo. Pode-se negociar alguns itens importantes relacionados às condições de trabalho, por exemplo, regimes, escalas e jornadas de trabalho; banco de horas; ou ainda rescisões de contrato de trabalho por comum acordo.

A segunda está relacionada às reformas que alteram a hierarquia das normas e controles que regulam o trabalho. Isso impactou a prevalência do que for negociado sobre a legislação (obviamente dentro de certos limites); a desobrigação de homologar as rescisões de contrato de trabalho nos sindicatos laborais; a extinção da ultratividade dos acordos e convenções coletivas. Esta última refere-se a uma condição jurídica em que os conteúdos dos acordos e convenções coletivas permanecem vigentes mesmo após o término do prazo de validade do acordo ou convenção coletiva, até a sua substituição.

A terceira grande preocupação dos sindicatos pós-reforma trabalhista se refere à possibilidade de haver uma representação interna dos trabalhadores nos respectivos locais de trabalho. A representação de forma independente do sindicato laboral teria poderes para negociar diretamente com a empresa determinadas condições de trabalho.

Parte dos itens relacionados às duas primeiras preocupações já começaram a ser colocados em prática pelas empresas — alguns imediatamente após novembro de 2017. A representação interna dos trabalhadores, de forma independente do sindicato, ainda não foi acionada. Os trabalhadores, principais interessados, não se mobilizaram por puro desconhecimento do tema. Os sindicatos também não têm interesse em mexer no assunto, pois uma comissão interna de empregados poderá se tornar um concorrente importante. As empresas, por sua vez, não têm interesse em contar com mais uma entidade de representação dos colaboradores.

As três possibilidades descritas concorrem direta e frontalmente com as atividades sindicais, subtraindo prerrogativas e exclusividade do seu poder de representação e negociação com as empresas.

Em razão desses impactos e após poucos anos da reforma da legislação trabalhista, as lideranças dos sindicatos laborais se distribuíram em basicamente três grupos com posicionamentos distintos:

- Uma parcela expressiva de lideranças sindicais — as mais antigas — apegadas às suas zonas de conforto, continua resistindo às mudanças, persistindo na busca de proteção política e da Justiça do Trabalho, focando suas ações no retorno das contribuições sindicais compulsórias, como uma forma de sobrevivência.

- Uma segunda parcela igualmente expressiva — constituída de lideranças sindicais politizadas e radicais — posiciona-se de forma a emperrar as negociações coletivas, mobilizando os trabalhadores e criando ou transferindo os problemas decorrentes desse posicionamento tanto para as empresas quanto para os próprios trabalhadores.

Um exemplo desse segundo tipo de posicionamento ocorreu no caso de uma grande empresa processadora de produtos agrícolas. Ela tem o fluxo produtivo intensificado nos curtos períodos de safra. É nessas ocasiões que os frutos, sua matéria-prima, devem ser imediatamente encaminhados para o processamento após a colheita sob pena de perda total ou parcial, o que pode resultar em prejuízos imensuráveis.

Para dar conta da operação na safra, a empresa — que normalmente praticava o regime de trabalho de cinco dias de trabalho por semana (de segunda à sexta-feira) — estava acostumada negociar com o sindicato laboral um regime de turnos ininterruptos de trabalho durante sete dias por semana. Isso ocorria sem grandes dificuldades.

Entretanto, na safra de 2018 (ano seguinte ao da reforma da legislação trabalhista), a empresa não descontou dos holerites dos colaboradores o valor equivalente a um dia de salário, em benefício do sindicato laboral, a título de contribuição sindical compulsória, conforme previsto na nova legislação. Como consequência, a negociação anual da empresa com o sindicato não chegou a um bom termo e o acordo coletivo não foi assinado.

> *Alguns meses depois, por ocasião da chegada da época da colheita, a empresa procurou o sindicato para assinatura do acordo de regime de trabalho ininterrupto. Ele foi sumariamente negado pela liderança sindical, como represália ao não desconto da contribuição sindical compulsória dos trabalhadores.*
>
> *Após tentativas sem sucesso e considerando a premência de uma solução, não restou à empresa outra opção que não recorrer à Justiça do Trabalho. Após esse processo, a empresa obteve uma sentença liminar favorável ao regime de trabalho ininterrupto no período da safra.*

- Uma terceira parcela — não tão expressiva — constituída por lideranças sindicais mais jovens e com uma visão mais pragmática da situação está focando suas ações em duas direções:

    1. Revisão das estratégias de negociação com as empresas de modo a obter conquistas significativas em linha com as necessidades e expectativas dos trabalhadores por elas representados.

    2. Revisão das estratégias e práticas de relacionamento com os trabalhadores, tendo como foco o respeito e a confiança necessários para (re)conquistá-los como associados contribuintes de forma espontânea.

O que esses três grupos de liderança sindical têm em comum, e não poderia ser diferente, são as suas atuações em defesa dos direitos dos trabalhadores, como seus representantes legais.

O modelo sindical brasileiro, suas peculiaridades e formas de atuação

Até o governo Lula, o movimento sindical brasileiro era dividido em três tipos básicos de posicionamento, conhecidos pela forma como eram percebidas suas atuações: peleguismo, radicalismo e pragmatismo.

O primeiro, cuja alcunha deriva dos comportamentos dos seus integrantes, conhecidos como pelegos, eram pessoas servis ao governo, aos políticos representantes do trabalhismo ou à direção das empresas. Na época, estavam no poder há muitos anos e sem perspectivas de concorrência.

O segundo modelo, pautado pelo radicalismo, iniciado ainda no Governo Militar, ganhou força no início do governo Sarney e culminou com a criação da CUT, que se propunha ser a Central Única dos Trabalhadores. A CUT se consolidou com a chegada de Lula, seu principal representante, ao governo do Brasil, em março de 2003.

O terceiro modelo, focado no pragmatismo de resultados, segundo alguns analistas, foi idealizado e incentivado pelos representantes patronais paulistas, como contraponto ao radicalismo da CUT.

Essa disputa pelo *status* (proporcionado pela representação sindical dos trabalhadores), pelo **poder** (derivado da representação da maior parcela da população brasileira — os trabalhadores) e pelas vultosas somas de **dinheiro** (oriundas da arrecadação compulsória da contribuição sindical) perdura até hoje. No entanto há duas mudanças significativas.

Em 1985, no governo Sarney, foi reconhecido o direito de os trabalhadores se organizarem em centrais sindicais.

Posteriormente, ao final do governo Lula, o chamado movimento das centrais sindicais foi agraciado com uma verba especial. Essa verba correspondia a 10% da arrecadação anual das contribuições sindicais compulsórias, mediante critérios de distribuição baseados nos níveis de adesão dos sindicatos filiados e dos trabalhadores representados. Em razão disso, as autodenominadas Centrais Sindicais se multiplicaram, em busca das verbas milionárias proporcionadas pela significativa parcela de 10% da arrecadação sindical em todo o território nacional.

Depois disso, e em decorrência da reforma trabalhista (em especial da extinção da contribuição sindical compulsória), o movimento sindical brasileiro está à procura de alternativas de sobrevivência. Essa situação é agravada pelos impactos econômicos e sociais da pandemia, que as afetou parcialmente, mas não destruiu o seu nível de combatividade.

A importância da representatividade dos colaboradores no ambiente de trabalho

A representação dos **trabalhadores**, termo utilizado pelas lideranças sindicais, ou dos **colaboradores**, termo utilizado pelas empresas, deve ser vista sob uma perspectiva mais ampla do que simplesmente pela representação legal, conforme mencionado no Capítulo 4. Quando se trata de representar alguém, o mais importante é a representatividade, isto é, o quanto os colaboradores, seus liderados, concedem a você, líder operacional, o privilégio de representá-los no cotidiano das relações no trabalho. Essa representatividade pode ser de fato sua, uma vez que os seus liderados passam a maior parte do tempo interagindo com você no ambiente profissional.

A sua contribuição para as relações e negociações trabalhistas sindicais começa exatamente pelo grau de representatividade que você detém perante seus liderados. Ou seja, o quanto eles o respeitam e confiam em você.

Além dos impactos negativos da reforma trabalhista sobre a representatividade das lideranças sindicais em relação aos trabalhadores, estão presentes no ambiente de trabalho, pelo menos, outros três atores que também concorrem nessa representatividade. São eles:

1. Os empregados eleitos anualmente pelos colegas como membros da Comissão Interna de Prevenções de Acidentes (CIPA).

2. Os empregados eleitos pelos colegas como representantes nos processos de negociação do Plano de Participação nos Lucros ou Resultados (PLR/PPR) das empresas.

3. Os empregados eleitos pelos colegas para representá-los internamente perante a empresa, em atendimento ao novo artigo 510-A da CLT que diz: *"Nas empresas com mais de duzentos empregados, é assegurada a eleição de uma comissão para representá-los, com a finalidade de promover-lhes o entendimento direto com os empregadores",* adicionado quando da reforma da legislação trabalhista.

Esses três tipos de representação estão previstos na legislação trabalhista.

A CIPA, regulada pela CLT, tem a finalidade específica de contribuir com a saúde e segurança nos ambientes de trabalho. Seus membros (empregados eleitos anualmente pelos colegas), a partir do momento que se inscrevem como candidatos à eleição até um ano depois de expirado o prazo de seus mandatos, passam a gozar de estabilidade no emprego. Em razão da proteção conferida pela estabilidade, e ainda pelo fato de que podem ser reeleitos, as lideranças sindicais têm adotado a estratégia de apoiar simpatizantes do movimento sindical nas eleições para a CIPA, como forma de investimento no início de uma carreira sindical.

A Comissão de Negociação do Plano de Participação nos Lucros ou Resultados está prevista na Lei 10.101/2000. Os membros também são eleitos pelos colegas, mas, diferentemente dos membros da CIPA, não gozam de estabilidade. Talvez por essa razão, e pelo fato de serem muito cobrados pelos colegas, as empresas têm encontrado dificuldades nesses processos anuais de eleições. São poucos os empregados que se candidatam, às vezes insuficientes para um processo eleitoral democrático, exigindo das empresas um trabalho de convencimento para o cumprimento desse quesito do processo de negociação do PLR/PPR.

A representação prevista no artigo 510-A da CLT, introduzida na legislação na promulgação da Constituição Federal em 1988, permaneceu durante 29 anos aguardando sua regulamentação. Ela ocorreu somente com a reforma da legislação trabalhista, por meio da Lei 13.467/17.

Durante esse período pós-reforma trabalhista não houve interesse e empenho quanto à sua implementação. Nem por parte dos sindicatos, cautelosos em relação ao surgimento de eventuais concorrentes, nem por parte das empresas, igualmente cautelosas em não criar mais um modelo de representação interna. Além disso, os próprios colaboradores, a grande maioria desatentos e desinteressados em relação a esse tipo de questão, não demonstraram desejo de colocar as mudanças em prática.

Esse novo modelo de representação é constituído por uma comissão composta de três, cinco ou sete colaboradores, dependendo do porte da empresa. As atribuições dos membros da comissão, definidas pelo novo artigo 510-B da CLT, se confundem com as atribuições dos sindicatos laborais e, em maior grau, das lideranças internas, em especial os líderes operacionais. Suas atribuições incluem:

- Representar os empregados perante a administração da empresa.
- Aprimorar o relacionamento entre a empresa e Os empregados.
- Promover o diálogo e o entendimento no ambiente de trabalho.
- Prevenir e buscar soluções para conflitos no ambiente de trabalho.
- Encaminhar reivindicações e assegurar tratamento justo e imparcial dos colaboradores.

Como se observa, a concorrência para a representação dos empregados é grande e está presente em todo o ambiente de trabalho durante 24 horas por dia. O que faz a diferença na efetividade dessa representação é o grau de representatividade que você, líder operacional, consegue conquistar e manter perante seus liderados. Ao conquistar essa representatividade, você alcançará simultaneamente um protagonismo e um diferencial competitivo na gestão das relações internas e externas que impactam o ambiente de trabalho, com os quais a empresa poderá contar nas situações mais complexas.

As fontes de poder dos sindicatos e das empresas na gestão do ambiente de trabalho

Como vimos, a atuação do líder sindical concorre com a atuação do líder operacional em diversos aspectos. Ambos têm em suas atribuições básicas a representação das mesmas pessoas, sejam elas vistas como **trabalhadores** ou como **colaboradores**.

O detalhismo da nossa legislação trabalhista e a atuação dos legisladores, da Justiça do Trabalho e dos órgãos públicos fiscalizadores contribuem para confundir e complicar ainda mais a relação, já complexa por natureza, entre o capital e o trabalho. Nesse contexto, as fontes de poder disponíveis assumem importância fundamental para se obter um ambiente de trabalho saudável, harmônico e produtivo.

De um lado, os sindicatos laborais se valem de falhas empresariais — em especial nas questões éticas e de conduta, de suas indecisões e omissões e de falhas gerenciais e das lideranças em questões de gestão. Todas servem para alimentar a desconfiança dos colaboradores em relação à empresa. De outro, as empresas se fortalecem conquistando a plena confiança dos colaboradores — adotando um relacionamento respeitoso e firme, cumprindo rigorosamente a legislação trabalhista e otimizando e controlando o clima interno.

Essas condições implicam contar com gestores e líderes operacionais, como você, capacitados e comprometidos com a gestão do ambiente de trabalho. Seu papel, como líder operacional, é fundamental para a empresa desenvolver as boas relações externas que impactam o ambiente de trabalho.

▪ Em quem o colaborador mais acredita e confia: na empresa onde trabalha ou no sindicato laboral que o representa?

Na realização de diagnósticos em diferentes tipos de ambiente de trabalho, sempre perguntamos aos colaboradores — de forma direta ou indireta — em quem eles mais acreditam e confiam: na empresa ou no sindicato laboral que os representam.

Figura 1 • Em quem acreditar e confiar

As respostas obtidas a partir dessa indagação nos levaram a desenvolver um conceito comparativo entre a percepção da atuação do sindicato laboral e da polícia: o sindicato está para o trabalhador assim como a polícia está para o cidadão. Quando uma ameaça aflige o cidadão, a sua primeira reação é recorrer à polícia, ainda que não esteja plenamente satisfeito com a atuação desta. Da mesma forma, quando um colaborador se sente ameaçado em seus direitos, o primeiro a quem recorre é o sindicato laboral que o representa, ainda que não concorde muitas vezes com as estratégias de atuação dele, por exemplo, forçá-lo a participar de mobilizações sindicais.

Essa reação é perfeitamente natural, pois ambos — colaborador e cidadão — não renunciam à segurança a qual têm direito e que podem ajudá-los em momentos e situações em que necessitem. Entretanto, apesar de compreensível, a busca de ajuda junto ao sindicato laboral representa oportunidade ímpar para a sua atuação, como líder operacional, fazer a diferença.

Nesse sentido, a sua forma de atuar e de se comunicar — como uma opção real e presente — de modo que os colaboradores possam confiar e recorrer, quando necessário, contribui de forma incontestável para a melhoria das relações entre o capital e o trabalho, que, por vezes, podem se apresentar antagônicas. É quando você, como líder operacional, é próximo de seus liderados, tendo a confiança deles e um bom canal de comunicação. Assim, tem condições de perceber sinais importantes de desconforto e agir de forma a evitar que os liderados busquem o apoio externo ao ambiente de trabalho.

Ademais, não há nada de ilegal ou imoral que impeça o colaborador de buscar prioritariamente você em situações nas quais se sinta ameaçado em seus direitos. Ainda assim, resta a ele, no caso de não ser atendido e a reclamação ser procedente, ou esclarecida quando não procedente, a possibilidade de recorrer ao sindicato laboral que também o representa.

Os sindicatos laborais como ameaça à atuação dos líderes operacionais — mitos e realidade

Muitos sindicatos laborais incluem em suas estratégias de atuação e de comunicação o desmerecimento e o descrédito dos gestores e líderes operacionais perante os colaboradores. Em inúmeros casos, essa tentativa de desmerecer e desacreditar ocorre não somente nos bastidores de forma velada. Ela também acontece de maneira aberta e explícita — verbalizada ou escrita — em processos de negociação coletiva, ações de mobilização dos trabalhadores na direção de uma paralisação do trabalho ou processos trabalhistas na Justiça do Trabalho. Em todas essas situações, o que está em jogo é a dignidade, a segurança e a tranquilidade do líder operacional.

No episódio relatado no Capítulo 5 — a respeito de uma greve de longa duração no ABC Paulista —, mencionamos que o sindicato, vendo frustrada sua tentativa de paralisação de uma grande empresa metalúrgica, recorreu ao expediente reprovável de agressões físicas aos líderes operacionais. Trata-se de uma exceção, pois quando comportamentos dessa natureza ocorrem, os sindicatos laborais autores têm se valido de agressões verbais ou escritas, e não físicas.

Ao sermos questionados inúmeras vezes pelas empresas sobre como agir nessas situações, respondemos, com muita convicção, que a dignidade, a segurança e a tranquilidade do líder operacional devem ser preservadas, de forma absoluta e prioritária, sem, entretanto, deixar que o tema seja alvo de polêmicas. Uma forma de fazer isso seria a empresa se manifestar oficialmente contra eventuais agressões físicas ou verbais em relação aos líderes operacionais.

Os líderes operacionais, por sua vez, nos perguntam sobre como se precaver. Recomendamos que, quando se referirem às lideranças sindicais, adotem uma atitude de neutralidade e respeito. Para tanto, devem evitar palavras, frases ou expressões que possam causar polêmicas ou serem objetos de mal-entendido.

Ademais, a empresa deve se manifestar a respeito dos sindicatos laborais, de suas lideranças e formas de atuação por intermédio de seus prepostos oficiais, usualmente os profissionais das áreas de recursos humanos, relações trabalhistas e sindicais ou de comunicação institucional.

O poder do microfone

Certa vez, quando assessorávamos uma empresa metalúrgica do interior paulista, tivemos a oportunidade de acompanhar o desenvolvimento de um líder sindical, desde a eleição para presidente do sindicato dos trabalhadores local. Logo após a eleição sindical, fomos apresentados ao novo presidente Ariovaldo (nome fictício), um profissional que trabalhava na área de produção, com formação no ensino fundamental e que, pela primeira vez, se envolvia com o movimento sindical.

Ele fazia parte de um grupo de colaboradores que não estavam satisfeitos com a atuação das lideranças sindicais da época e resolveram concorrer com uma chapa de oposição. O que se percebia era que nenhum dos membros dessa chapa tinha experiência no tema, e o grupo acabou escolhendo Ariovaldo, que aparentava ser uma pessoa tranquila e um tanto tímido demais para ocupar o cargo de presidente.

Alguns dias depois, quando chegávamos à empresa para uma reunião — poucos minutos antes da troca do turno das 14h —, percebemos que o carro de som do sindicato estava em frente à portaria. Via-se também o pessoal se aglomerando para participar de uma assembleia visando a aprovação da pauta de reivindicação.

Como faltavam alguns minutos para o início da assembleia, fomos ter com Ariovaldo e, ao o cumprimentarmos, notamos que estava bastante ansioso, pois se tratava de sua primeira apresentação como presidente do sindicato.

Ariovaldo subiu no carro de som e, com o microfone na mão, ficou observando aquela multidão de trabalhadores em silêncio, por alguns instantes. Havia cerca de trezentas pessoas ali reunidas. Sua insegurança era notória e as suas primeiras palavras saíram com muita dificuldade. Com muito esforço, conseguiu dar o recado para o pessoal e apresentar uma proposta para a pauta de reivindicações a ser entregue para a empresa.

Logo em seguida entramos na empresa para participar da nossa reunião, que se estendeu até o final da tarde.

Ao sairmos, nos deparamos com o sindicato realizando uma assembleia com os colaboradores do setor administrativo. Quando nos dirigíamos ao estacionamento, paramos para observar Ariovaldo conduzindo a assembleia com a maior desenvoltura possível, muito à vontade, numa expressão de quase êxtase. Ficamos mais um tempo para nos despedirmos de Ariovaldo, que, naquele momento, aparentava estar em um estado de verdadeira euforia, muito diferente da primeira assembleia. Não era para menos, ele havia descoberto o poder do microfone e a sua veia política, até então adormecida.

Tivemos oportunidade de participar de inúmeros processos de negociação coletiva com Ariovaldo e de perceber a sua mudança de comportamento. Ele havia se tornado uma pessoa mais incisiva, mais agressiva. O poder lhe havia subido à cabeça.

Figura 2 • O poder do microfone

Fazendo uma comparação, pode-se ver que a função do líder operacional não tem o mesmo glamour que a de um sindicalista ou de um político, mas abre igualmente oportunidades para o seu desenvolvimento pessoal e profissional. Você não terá as mesmas oportunidades de utilizar um microfone, mas certamente terá inúmeras chances para dialogar com a equipe, realizar reuniões, exprimir opiniões, aconselhar, orientar e, principalmente, inspirar seus liderados. Lembre-se de que a comunicação é a expressão da sua liderança perante os liderados.

O importante é não deixar que "o poder suba à cabeça", mantendo sempre uma certa dose de humildade.

Não há como evitar que os colaboradores façam comparações entre os comportamentos e as atitudes de seu líder operacional e das lideranças sindicais, assunto que será abordado no próximo capítulo.

CAPÍTULO 7
A relação das lideranças sindicais com os trabalhadores, seus representados

Para um melhor entendimento e compreensão, é importante salientar alguns aspectos relevantes contidos neste capítulo.

O primeiro se refere ao respeito para com as entidades e lideranças sindicais laborais, como representantes legais dos trabalhadores, entendendo o seu papel moderador das relações entre o capital e o trabalho e a busca do equilíbrio entre o lucro e o social, próprios de uma democracia capitalista.

Nossas considerações decorrem da experiência adquirida ao longo de nossa carreira de consultores, assessorando inúmeras empresas em todo o território nacional. Elas não contêm intenções de negar ou de nos opormos a práticas sindicais, mas de fomentar formas e limites para uma convivência pacífica com as lideranças sindicais. Tudo levando em conta o respeito às prerrogativas, aos direitos e às obrigações, tanto das empresas quanto dos sindicatos como entidades representativas dos trabalhadores.

Os termos líder ou liderança sindical, utilizados neste livro, têm uma relação intrínseca com os termos legais, dirigente ou diretor sindical, eleitos pelos trabalhadores e detentores de estabilidade provisória em seus respectivos empregos.

Em diversas situações analisadas neste capítulo, as relações entre as lideranças sindicais e os trabalhadores (seus representados) são comparadas com as relações entre você, líder operacional, e os colaboradores (seus liderados), pois trata-se das mesmas pessoas, e a analogia, além de procedente, é inspiradora de novos comportamentos e atitudes.

Na prática não há como evitar um certo grau de concorrência entre a sua atuação como líder operacional e a do líder sindical, uma vez que ambos têm, ou deveriam ter, como foco a conquista do respeito e da confiança dos liderados. Em última análise, conquistar a representatividade dos liderados. Nesse aspecto é importante inicialmente conhecer e refletir sobre as diferenças e semelhanças entre as características e fatores preponderantes das duas lideranças.

■ Lideranças operacionais e lideranças sindicais — diferenças e semelhanças

Para facilitar a compreensão e assimilação, as principais análises estão sequenciadas e focadas em oito características e fatores.

1. Origem e formação

Nas áreas operacionais, os líderes operacionais, até há alguns anos, eram oriundos prioritariamente de funções técnicas ou operadores qualificados. Os bons técnicos e operadores eram promovidos.

Com o avanço da tecnologia, a formação técnica passou a ser uma condição mínima requerida pela maioria das empresas — algumas inclusive exigindo formação em nível superior.

Os líderes sindicais sempre foram, e continuam a ser, prioritariamente oriundos de suas bases, com longa experiência em suas atividades, com muitos deles possuindo formação de nível técnico.

Nos últimos anos vem crescendo a participação de profissionais mais jovens e com formação técnica e superior.

2. Indicação e nomeação

Os líderes operacionais são indicados e nomeados pelas empresas, com base nas exigências dos cargos e segundo as regras e requisitos para promoções ou contratações de profissionais.

Algumas poucas empresas já adotam critérios mais democráticos para a nomeação de líderes operacionais, incluindo a participação dos próprios colaboradores nos processos seletivos.

Para as empresas privadas, não há legislação que trate especificamente dos processos de indicação e nomeação das lideranças. Trata-se de uma prerrogativa da empresa, podendo ser revista a qualquer momento, uma vez que a função de líder operacional não está coberta por algum tipo de garantia de estabilidade.

Os líderes sindicais são indicados pelos trabalhadores das suas bases de representação por meio de processos eleitorais democráticos. O número de dirigentes sindicais e a duração de seus mandatos são definidos e limitados pela legislação, com início a partir da inscrição como candidatos e até um ano depois do encerramento dos mandatos.

Como a legislação não determina limites de vezes que um candidato pode se candidatar e ser reeleito representante sindical, é lugar-comum, em praticamente todos os sindicatos laborais, uma longa permanência dos líderes sindicais em seus cargos de representantes dos trabalhadores. Em muitos casos, eles acabam por se tornar vitalícios.

3. Responsabilidades e autonomia

Os líderes operacionais têm suas responsabilidades e autonomia de atuação definidas pela empresa, por meio de políticas, normas e procedimentos de delegação e complementadas pelas normas e regras específicas das diferentes áreas de atuação. Como eles representam, simultaneamente, a empresa perante os colaboradores e os colaboradores perante a empresa, é necessário que se empenhem em conquistar a representatividade de seus liderados.

Os líderes sindicais têm responsabilidades e autonomia definidas pela legislação e complementadas pelos estatutos das entidades sindicais.

É importante ressaltar que as assembleias, ainda que convocadas e conduzidas pelas lideranças sindicais, são soberanas em suas decisões. Isso significa, por exemplo, que as aprovações relativas aos processos de negociação coletiva que resultam nas convenções e nos acordos coletivos de trabalho, assim como a decretação de greves ou paralisações do trabalho são aprovadas pelos trabalhadores da categoria profissional por meio de assembleias especificamente convocadas.

4. Missão

Conforme o modelo de Liderança Eficaz Participativa descrito no Capítulo 1, a missão dos líderes operacionais está contida em três grandes objetivos: alcançar e, se possível, superar as metas empresariais e setoriais planejadas; melhorar continuamente os processos operacionais e de gestão; e promover o trabalho em harmonia e segurança no cotidiano das relações no trabalho.

A missão dos líderes sindicais inclui atuar prioritariamente na defesa dos interesses dos trabalhadores representados em relação a salários, condições de trabalho e cumprimento da legislação.

5. Comportamentos e atitudes

Os comportamentos e atitudes requeridos dos líderes operacionais, igualmente citados no Capítulo 1, são basicamente três: **assumir**, de fato e de direito, a liderança de suas equipes; **decidir**, dentro dos seus níveis de autonomia, sobre as ações preventivas e corretivas a serem empreendidas para manter a harmonia das relações no trabalho; e se **comunicar** com a equipe ouvindo e dando feedback eficaz e oportuno.

Os comportamentos e atitudes das lideranças sindicais estão focados em reivindicar e obter conquistas para os trabalhadores, bem como ocupar espaços ou dividir espaços com os gestores e líderes operacionais.

Nesse sentido há que se considerar duas situações.

A primeira se refere aos líderes sindicais afastados do trabalho para exercer as funções como dirigentes sindicais e, portanto, não estão presentes no ambiente de trabalho. Seus contatos com os trabalhadores ocorrem, de forma planejada, em diversos locais e circunstâncias, tais como:

- Antes ou depois dos horários de trabalho, próximo das portarias das empresas.
- Nos transportes fretados.
- Nas sedes administrativas e sociais dos sindicatos.
- Nas assembleias dos trabalhadores.

A segunda diz respeito aos líderes sindicais não afastados do trabalho, o que lhes permite um contato direto com os trabalhadores — seus colegas — no próprio ambiente de trabalho.

A legislação não contempla condição especial a essas lideranças sindicais, exceto a garantia de estabilidade provisória em seus empregos. De forma eventual e rara, tais condições podem ser definidas em convenções ou acordos coletivos.

Entretanto, não é incomum encontrar situações em que essas lideranças sindicais atuam internamente, ouvindo os trabalhadores, levando suas reclamações e reivindicações para os líderes operacionais ou para as áreas de recursos humanos e relações trabalhistas e sindicais e, por vezes, chegando a confrontar os profissionais dessas áreas diretamente. É uma situação inevitável devido à proximidade e à convivência com os colegas no transporte coletivo, vestiário, restaurante ou durante os intervalos para descanso. Essas situações, quando não estruturadas e controladas, causam constrangimentos e impactam diretamente o clima interno das empresas.

A situação relativa às lideranças sindicais internas, pela sua importância, será tratada em detalhes mais adiante neste capítulo.

6. Habilidades

Do líder operacional são requeridas, entre outras, as seguintes habilidades visando a manutenção de um ambiente de trabalho saudável, harmônico e produtivo:

- Praticar o diálogo de forma permanente.
- Saber ouvir, dar e receber feedback eficaz e oportuno.
- Promover o respeito e a confiança.
- Agir com prudência e justiça.
- Lidar com lideranças sindicais internas.

Para o cumprimento das funções para as quais foram eleitos, são requeridas do líder sindical, entre outras, as seguintes habilidades:

- Conhecimento e cumprimento da legislação trabalhista.
- Saber ouvir.
- Negociar e representar os interesses dos trabalhadores.

Pude constatar, no desenvolvimento do meu trabalho como consultor, que os líderes operacionais são mais habilidosos na comunicação individual com os seus liderados, enquanto os líderes sindicais são mais habilidosos na comunicação coletiva com os trabalhadores.

7. Fatores direcionadores ou limitadores das ações

Na maioria das empresas estruturadas, o respeito à ética, a não utilização de práticas discriminatórias e de assédio e a utilização do bom senso nas decisões e ações são fatores direcionadores para você, líder operacional.

Entende-se como bom senso o equilíbrio entre as normas e os fatos que originaram a necessidade de uma decisão ou ação de sua parte. Por exemplo, ao decidir sobre abonar ou não uma falta ao trabalho de um colaborador, ainda que prevista nas normas internas, o líder não deve deixar de considerar as circunstâncias, pessoais ou familiares, apresentadas pelo colaborador, incluindo as eventuais anotações no histórico profissional. Ao agir sem bom senso, o líder operacional estará, quando muito, apenas aplicando uma punição disciplinar, quebrando o respeito e a confiança, quando existentes, na relação com o colaborador envolvido e com a equipe.

Os líderes sindicais, por sua vez, têm como fatores direcionadores ou limitadores a legislação trabalhista e os estatutos dos respectivos sindicatos que definem regras e formas de representação dos trabalhadores.

Temos observado, em muitas situações, a falta de bom senso por parte das muitas lideranças sindicais.

Como exemplo, citamos uma ocorrência, de altíssima gravidade, de uma greve numa empresa siderúrgica de grande porte localizada no interior do Rio de Janeiro. Naquela oportunidade, as lideranças sindicais assumiram o controle das portarias da empresa, agredindo fisicamente os empregados responsáveis pela segurança e obrigando alguns gestores a discursar, no carro de som do sindicato, a favor da paralisação do trabalho. Não satisfeitos com essa atitude, partiram para a agressão física daqueles trabalhadores que relutavam em participar ativamente da greve.

Em outra oportunidade, também numa empresa siderúrgica de grande porte, localizada no interior de São Paulo, o comando de uma greve, ao perceber que um trabalhador tentava furar o bloqueio formado pelos chamados "piqueteiros"[1], deu ordem para que o referido trabalhador fosse cercado por um "corredor polonês", expondo-o a uma situação constrangedora e descabida.

Nesses dois casos o tiro saiu pela culatra e a greve foi encerrada pela maioria dos trabalhadores, à revelia do sindicato, que não conseguiu alcançar seus propósitos.

8. Garantias para o exercício da função

Esse fator, de igual importância em relação aos demais, consiste em comparar as garantias que possam sustentar a permanência das duas lideranças em suas funções.

Para o líder operacional, o que o sustenta e lhe dá estabilidade na função é a sua competência de gestão técnica, operacional,

---

[1] Pessoas mobilizadas ou contratadas pelos sindicatos para proibir ou coibir a entrada dos trabalhadores no trabalho.

administrativa e de pessoas. Essa competência é comprovada pelo alcance dos resultados, pela melhoria dos processos de gestão sob sua responsabilidade e pelo trabalho em harmonia.

Ao líder sindical, além da competência na representação legal dos trabalhadores e independente desta, é assegurada a permanência no cargo de dirigente sindical durante o mandato e a estabilidade no emprego, desde a candidatura à eleição, até um ano depois do encerramento do seu mandato.

As intrigantes formas de relacionamento com os trabalhadores praticadas pelas lideranças sindicais

Da mesma forma que com os líderes operacionais, eu, Heli, convivo com líderes sindicais há mais de cinco décadas, e eu, Heli Junior, há mais de 35 anos. Nós sempre consideramos intrigante e controverso como muitos destes se relacionam com os trabalhadores de suas bases sindicais. As estratégias adotadas chegam a extrapolar os limites da capacidade de compreensão dos trabalhadores à luz da lógica e do bom senso.

Ao mesmo tempo que adotam estratégias de mobilização inovadoras, como, *flash mob*[2] e a técnica de transformação de desejos individuais em desejos coletivos, muitas lideranças sindicais são capazes de adotar estratégias constrangedoras para impedir que os trabalhadores da base sindical se oponham a descontos de contribuições sindicais em seus holerites ou se desfiliem como associados do sindicato e deixem de pagar as respectivas mensalidades.

---
[2] *Flash mob* são mobilizações organizadas por intermédio de redes sociais em que as pessoas se reúnem instantaneamente com um objetivo previamente definido, por exemplo, uma paralisação do trabalho.

As estratégias citadas anteriormente são descritas e exemplificadas no Capítulo 9, que trata dos processos de negociação coletiva.

Qualquer que seja a liderança, ela deve se consolidar basicamente a partir do respeito e da confiança mútua, construída com os liderados. Esse conceito é aplicado pelas lideranças sindicais em alguns momentos da relação com os trabalhadores, por exemplo, na época das eleições para renovação dos mandatos das diretorias das entidades sindicais ou na formação das pautas de reivindicações a serem apresentadas para as empresas nos períodos de renovação das convenções ou dos acordos coletivos de trabalho. Nessas ocasiões, as lideranças sindicais se dispõem a ouvir os trabalhadores, seja de forma individual, em pequenos grupos ou ainda por meio das assembleias.

Entretanto, nas assembleias para aprovação das propostas das empresas, o que se vê em muitas oportunidades — talvez na maior parte das vezes — é o uso de estratégias e táticas para se criar um clima crescente de euforia[3] e incitação ao conflito com os empregadores. Isso pode ser feito por meio de publicações, de carros de som, de alto-falantes ou ainda com a utilização de recursos intimidadores, com o objetivo de pressionar os trabalhadores para a não aprovação das propostas das empresas e, simultaneamente, aprovar uma greve ou outras estratégias de pressão às empresas. Dessa forma, as lideranças sindicais conseguem a aprovação de pautas e propostas que mais representam os seus interesses — econômicos ou ideológicos — como diretores dos sindicatos, do que o interesse real dos trabalhadores que representam.

Essa estratégia foi e continua sendo muito utilizada por inúmeras lideranças sindicais.

---

[3] O estado de euforia leva a um descontrole do racional coletivo.

Logo após o fim do regime militar, no início da chamada Nova República, durante o governo de José Sarney, em 1989, ocorreu o maior surto de greves caracterizadas pela longa duração e agressividade.

Na maioria delas, as lideranças sindicais conseguiram a mobilização necessária para deflagração das greves se aproveitando da inconsciência dos trabalhadores e utilizando as estratégias e táticas de pressão e intimidação. Tudo isso foi facilitado pela sensação de liberdade de manifestação dos trabalhadores, pois havia mais de duas décadas que as manifestações eram consideradas ilegais. A Lei 7783, promulgada em 28/06/1989, regulamenta o direito de greve, que até então estava proibida e era reprimida pelo regime militar.

As estratégias de pressão e intimidação aos trabalhadores para aprovação de uma greve ainda são muito utilizadas pelas lideranças sindicais e representam, ao mesmo tempo, uma das causas do baixo nível de sindicalização no Brasil.

Entende-se por sindicalização quando o trabalhador se associa ao sindicato que o representa e contribui — de forma espontânea — por meio do pagamento de uma mensalidade e recebe como contrapartida os serviços e benefícios oferecidos pela entidade sindical.

Como já vimos no Capítulo 6, desde a reforma trabalhista em novembro de 2017, os sindicatos perderam a sua principal fonte de receita, deixando de receber a contribuição sindical compulsória, que correspondia a um dia de trabalho por ano de cada trabalhador. Em alguns casos a queda da receita sindical ultrapassou a marca de 80%, e os sindicatos passaram a sobreviver somente com as mensalidades dos associados.

Com essa situação de caixa baixo e diante da pandemia causada pelo coronavírus — que comprometeu a segurança nos empregos —, as lideranças sindicais estão buscando novas formas de relacionamento com os trabalhadores de suas bases, com vistas à sua sobrevivência e posterior fortalecimento.

Como lidar com lideranças sindicais internas no cotidiano das relações no trabalho

Aos líderes sindicais eleitos pelos trabalhadores, não afastados do trabalho, são assegurados os mesmos direitos legais dos demais dirigentes sindicais, como a estabilidade no emprego. Outros direitos adicionais — resultantes de negociações com a empresa — devem constar das convenções ou acordos coletivos. Eles contemplam, por exemplo, as faltas ao trabalho em decorrência de atividades sindicais, desde que previamente autorizadas e definidos os períodos para a prática sindical durante o expediente de trabalho. No mais, o líder sindical mantém as suas obrigações constantes da legislação trabalhista, dos contratos individuais de trabalho e das normas e procedimentos internos, tal como os demais colaboradores.

O tratamento dispensado pela sua liderança operacional deve ser igual àquele dispensado aos demais colaboradores, ressalvadas as condições citadas anteriormente. Compete a você, líder operacional, buscar formas de relacionamento com os colaboradores que são dirigentes sindicais não afastados do trabalho que assegurem o respeito mútuo e o bom clima no ambiente de trabalho.

Considere que, na prática, é quase inevitável impedir a atuação dessas lideranças sindicais internas. Isso é devido à proximidade, ao convívio e às condições que favorecem os contatos — como o transporte fretado, o vestiário, o restaurante, os intervalos para refeição e descanso, entre outras.

Se você tem um líder sindical trabalhando em sua equipe, estabeleça com ele um contrato interpessoal de trabalho — descrito no Capítulo 3 deste livro — que contemple a situação de excepcionalidade relativa ao exercício da liderança sindical. No estabelecimento das regras para esse contrato, você deve se valer das informações e orientações das áreas de recursos humanos e relações trabalhistas e sindicais, no sentido de ajustar compromissos e obrigações mútuas.

Não é rara a ocorrência de desentendimentos entre as lideranças sindicais internas e aquelas afastadas do trabalho, usualmente as primeiras reclamando do desconhecimento da realidade interna e de eventuais posturas agressivas por parte das segundas. Por sua vez, as lideranças sindicais afastadas do trabalho reclamam da passividade e submissão das lideranças sindicais internas.

O mais indicado para você, líder operacional, é manter-se isento, evitando comentários que possam ser objeto de polêmica entre as partes. Dessa forma, você se preserva e, constantemente, ajusta as condições estabelecidas no contrato interpessoal de trabalho.

Quando interpelado por um colaborador que é líder sindical que está apresentando questões em nome dos colegas, ou de forma genérica, você deve estar preparado e orientado para:

- Ouvir com atenção e, se possível, identificar e conversar com o(s) colaborador(es) envolvido(s).
- Analisar e esclarecer o assunto apresentado com a rapidez necessária.

- Quando se tratar de questões de ordem coletiva, solicitar ao líder sindical para procurar diretamente o responsável pela área de recursos humanos ou relações trabalhistas e sindicais. Vale ressaltar que é inevitável, na prática, impedir a atuação das lideranças sindicais internas, devido à proximidade e às condições que favorecem os contatos com os demais colaboradores.
- Avisar o responsável pela área de recursos humanos e relações trabalhistas e sindicais, fornecendo informações complementares, por exemplo, reclamações relativas aos serviços de transporte, vestiário, alimentação etc.
- Buscar construir formas de respeito mútuo com as lideranças sindicais internas.

A atuação sindical sobre a mente coletiva ou inconsciente coletivo

Para definir e ilustrar o conceito de mente coletiva ou inconsciente coletivo, eu, Heli, recordo o dia em que tive meu primeiro e mais próximo contato com esse fenômeno.

Meu saudoso pai sempre foi uma pessoa centrada e respeitosa. Ele era absolutamente calmo mesmo em condições adversas que a vida nos proporciona constantemente. Ao longo dos muitos anos que tive a oportunidade de conviver com ele, não me recordo de tê-lo visto nervoso, descontrolado ou ouvi-lo pronunciar algum palavrão.

Isso até o dia que recebemos a visita dele e da minha mãe para desfrutarmos de um final de semana prolongado em nossa residência em São Paulo.

Meu pai era um futebolista apaixonado — torcedor do Vasco no Rio de Janeiro e do Palmeiras em São Paulo. Planejei então surpreendê-lo e adquiri dois ingressos para um jogo no Estádio Pacaembu. O jogo, válido pelo antigo Torneio Rio-São Paulo, seria disputado entre a Portuguesa e o Vasco.

À medida que nos aproximávamos do estádio, percebi que meu pai dava demonstrações nítidas de ansiedade. Considerei isso muito natural, pois há muitos anos ele não frequentava estádios como o Pacaembu, berço do futebol paulista na época.

Ao chegar no estádio, as filas e aglomerações eram imensas. Havia num total clima de "já ganhei" de ambos os lados, pois tratava-se de um jogo decisivo para uma próxima etapa do torneio.

Não demorou mais que alguns instantes para que o meu pai entrasse no clima reinante.

Ingressamos no estádio e acessamos nossos assentos na arquibancada rapidamente, pois os jogadores já se encontravam em campo. Meu pai logo reconheceu alguns jogadores do Vasco, seus ídolos, começando a gritar seus nomes. Aquilo começou a provocar olhares fechados dos torcedores em nossa direção. Foi aí que me dei conta de que, quando adquiri os ingressos, não havia me atentado para a localização dos assentos e acabamos exatamente no miolo da torcida da Portuguesa, conhecida pelo seu fanatismo.

Logo nos primeiros minutos, um jogador da defesa da Portuguesa cometeu uma falta dura sobre um atacante do Vasco, ao que o meu pai reagiu com um tremendo palavrão que eu nunca o tinha ouvido pronunciar. Qual não foi a minha surpresa ao vê-lo, um mineiro tranquilo, cidadão respeitador das leis, esbravejando de forma alucinada sabe-se lá com quem — um jogador ou o juiz — e perdendo a razão por uma falta típica de um jogo de futebol. Parecia outra pessoa, que não o meu pai.

É fácil imaginar a dificuldade que tive em acalmar os seus ânimos e, especialmente, os dos torcedores da Portuguesa mais próximos.

Não restou outra opção que não sair dali e nos deslocarmos para o outro lado da arquibancada, junto à torcida do Vasco. Ali foi onde a mente, ou consciente individual, do meu pai deu lugar, de forma definitiva e integral, à mente coletiva, ou inconsciente coletivo, dos torcedores do Vasco; uma situação de euforia plena.

Essa situação perdurou e cresceu até por volta dos 30 minutos do segundo tempo, momento em que a Portuguesa fez o primeiro gol da partida. Por alguns momentos, o ânimo da torcida vascaína se abrandou, voltando a crescer numa tentativa de entusiasmar os jogadores.

Poucos minutos depois, a Portuguesa fez um segundo gol, com o jogo já próximo do final. Como que por encanto, os torcedores do Vasco começaram a descer as escadas e a se retirar do estádio, com expressões que denotavam desânimo e provável arrependimento por terem enfrentado muitas horas de viagem do Rio a São Paulo, o que também ocorreria no retorno.

Nesse momento estava desfeita a mente, ou o inconsciente coletivo, e tudo voltava à dura realidade, pois o dia seguinte era segunda-feira.

Tenho a certeza de que você, leitor, já viu essa cena em várias ocasiões e situações; e não somente nas partidas de futebol.

A atuação sobre a mente coletiva, descrita no item seguinte, é uma estratégia muito utilizada pelos sindicatos para a mobilização dos trabalhadores na direção dos objetivos e metas definidos por suas diretorias.

A mobilização sindical — uma poderosa ferramenta a serviço das lideranças sindicais e o que fazer para se contrapor (ou minimizar seus impactos)

Inúmeras lideranças sindicais se utilizam de uma estratégia inteligente e eficaz para mobilizar[4] os trabalhadores como forma e instrumento de apoio para obter mais vantagens para os trabalhadores, como: reajustes salariais, melhores condições de trabalho ou benefícios. Trata-se de uma estratégia de marketing, em que os sindicalistas consultam os trabalhadores de suas bases quanto a necessidades, anseios, expectativas e, especialmente, quanto às pequenas insatisfações pessoais em relação às empresas onde trabalham. Essa consulta se dá por meio de contatos e diálogos individuais ou em pequenos grupos, pesquisas estruturadas ou assembleias.

As informações são mapeadas e tabuladas com foco na identificação das **insatisfações individuais** dos trabalhadores, por exemplo: melhoria das condições de trabalho, mudanças dos regimes e escalas de trabalho, melhoria da qualidade dos serviços de alimentação, transporte, assistência média etc. A seguir, as insatisfações individuais são tabuladas, priorizadas e habilmente transformadas em **grandes desejos coletivos**.

---

[4] Mobilizar significa atuar na mente coletiva dos trabalhadores.

Figura 1 • O processo de mobilização

É importante ressaltar que não há impedimento algum ao fato de os colaboradores almejarem melhores salários, condições de trabalho, benefícios e serviços. O importante é que o colaborador entenda e tenha consciência de que essa melhoria deve levar em conta a realidade de cada situação.

Para desmobilizar, a empresa e mais especificamente você, líder operacional, poderão agir no sentido contrário, de forma preventiva ou, quando a mobilização sindical já estiver em andamento, de forma corretiva.

Figura 2 • O processo de desmobilização

O processo de desmobilização não tem como objetivo negar as necessidades ou frustrar anseios e expectativas dos colaboradores, e sim despertar a consciência individual e coletiva para a coerência e pertinência do que está sendo reivindicado em face das possibilidades de a empresa atendê-las.

Isso será alcançado com mais facilidade mediante uma condição e duas tarefas.

A condição se refere ao respeito e confiança mútua desenvolvida entre você, líder operacional, e seus liderados. Nos capítulos anteriores, os diferentes meios e formas para se construir e manter essa relação foram abordados com profundidade.

A primeira tarefa, interdependente da condição anterior, está na identificação e solução ou esclarecimento das insatisfações dos seus liderados, com foco naquelas menores, que passam despercebidas, mas que permanecem latentes, incomodando-os e causando desconfortos e descrédito na sua atuação. São insatisfações aparentemente irrelevantes, as quais, de forma isolada, não representam riscos, mas que, quando somadas e coletivizadas, além de impactar negativamente o ambiente de trabalho, aumentam o grau de disposição para uma eventual mobilização coletiva, facilitando a ação sindical.

Considerando que na dinâmica própria do ambiente de trabalho as insatisfações sempre existirão, a sua tarefa nesse caso, como líder operacional, é reduzir o grau de insatisfações dos liderados, de forma permanente.

Certa vez, quando eu, Heli, ao assessorar uma empresa de autopeças localizada na região do Vale do Paraíba, no estado de São Paulo, consegui convencer o seu presidente sobre um investimento que reduziria o grau de insatisfação interna. Aproveitei um almoço para o qual o tinha convidado, num restaurante à beira do Rio Paraíba.

Na oportunidade, fiz uma analogia em que um copo representava a paciência dos colaboradores e a água que estávamos tomando representava as suas insatisfações.

Aproveitando meus conhecimentos adquiridos na faculdade, lancei mão do efeito físico/químico denominado tensão superficial. Fui enchendo o copo bem devagar, quase gota a gota. Quando a água estava pela metade do copo, joguei uma pedra de gelo e ocorreu uma agitação da água, sem derramá-la.

Na sequência continuei vagarosamente enchendo o copo com mais água até chegar ao limite da borda. Pedi ao meu convidado para se aproximar e observar a água acima da borda do copo que não se derramara. Pela sua formação técnica, ele conhecia o fenômeno. O que ele não esperava ocorreu quando joguei no copo uma segunda pedra de gelo. A água transbordou e molhou sua camisa.

A partir dessa demonstração, não foi difícil convencê-lo a aprovar um projeto de investimento para a capacitação dos líderes operacionais com foco na prática do diálogo e na identificação e solução das insatisfações dos colaboradores.

Deve-se levar em consideração que a empresa tinha acabado de enfrentar uma greve que durara alguns dias. Ela havia gerado enormes prejuízos e comprometido os compromissos com os seus clientes, em razão de uma mudança no regime de trabalho em turnos.

O copo estava cheio, a mudança no regime de trabalho foi a pedra de gelo jogada, a tensão superficial foi rompida e a greve foi deflagrada.

Os resultados da redução permanente do grau de insatisfação dos colaboradores irão impactar e contribuir positivamente para a consecução da sua terceira tarefa, como líder operacional, que visa oferecer aos colaboradores uma opção mais pragmática e efetiva para a melhoria da qualidade de vida profissional, pessoal e familiar. Certamente, esta é a tarefa mais complexa e delicada das três, uma vez que se constitui em fazer com que os colaboradores percebam que alguns desejos coletivos — que os sindicatos propõem — podem estar fora da realidade e das possibilidades da empresa e, por vezes, fora da realidade do mercado.

Para tanto, é necessário que você, líder operacional, se atualize e se capacite para o desenvolvimento dessa tarefa.

A ferramenta de gestão a ser utilizada nessa tarefa, o processo de comunicação estruturado, se encontra detalhado no Capítulo 6 desse livro. Lembrando, o processo se vale de **dados consistentes**, os quais, combinados e transformados em **informações relevantes**, dão **significado** às **mensagens** que serão repassadas e **assimiladas** pelos colaboradores, fazendo com que ajam de acordo.

Os comportamentos e as atitudes dos trabalhadores como grupos sociais

Como vimos no Capítulo 1, os membros de sua equipe de trabalho, vista sob a ótica de um grupo social, se dividem em três subgrupos:

1. O primeiro é constituído por trabalhadores que estão satisfeitos com a empresa, com os seus empregos, com o que fazem e como estão sendo tratados. Eles adotam atitudes assertivas e colaborativas, mas não a ponto de

se exporem perante os colegas, visando influenciá-los para adotarem atitudes semelhantes.

Por seus comportamentos e atitudes, esses trabalhadores não são focos de atuação das lideranças sindicais.

2. O segundo, constituído pela maior parte dos trabalhadores, é indiferente ao que está acontecendo ao seu redor, não se manifestando sobre as ocorrências do cotidiano e, portanto, vulneráveis à influência dos colegas do terceiro subgrupo e das lideranças sindicais.

Os trabalhadores desse subgrupo são focos de atuação das lideranças sindicais quando de suas ações de mobilização, uma vez que representam a maioria e são aqueles que votam, tanto nas eleições sindicais quanto nas assembleias sindicais.

3. O terceiro é constituído por trabalhadores geralmente insatisfeitos, que guardam decepções e rancores em relação à empresa e aos líderes operacionais. Estão sempre dispostos a reclamar e a influenciar os colegas, buscando adesão aos seus propósitos e reclamações. As lideranças sindicais focam suas estratégias de atuação nos trabalhadores desse subgrupo, mais simpáticos e aderentes às suas propostas e formas de atuação.

Esses trabalhadores, por suas características, são utilizados internamente nas empresas como apoio ao processo de convencimento e mobilização daqueles que se encontram no segundo subgrupo — os indecisos. Ademais, é neste terceiro subgrupo que as lideranças sindicais formam os seus quadros, investindo em suas carreiras, inicialmente na formação como sindicalistas atuantes e, em seguida, como futuros dirigentes sindicais.

Essa estratégia de atuação sindical constitui um desafio para você, líder operacional, pois pode representar um grande impacto no ambiente de trabalho sob sua responsabilidade.

Vale lembrar que as suas decisões e atitudes como líder operacional estão sempre sendo observadas e interpretadas segundo as óticas favoráveis de poucos colaboradores que não gostam de se expor; de alguns outros colaboradores que, ao contrário, estão sempre dispostos a reclamar, reivindicar e influenciar seus colegas indecisos; e da maioria de colaboradores indiferentes, mas que podem, sem grandes dificuldades, serem influenciados e mobilizados.

Diante das adversidades decorrentes da atuação sindical, não resta alternativa a você, líder operacional, a não ser se capacitar e agir para manter o respeito e a confiança no ambiente de trabalho. Para tanto, você deve atuar de forma preventiva, criando e mantendo com os liderados um relacionamento firme, aberto, receptivo, franco, transparente e justo.

As novas formas de contratação de trabalhadores e as reações sindicais

A reforma da legislação trabalhista, ocorrida pela promulgação da Lei 13.467/17, introduziu e disciplinou novas formas de contratação de trabalhadores, distintas daquelas usualmente praticadas até então. Os legisladores tinham por referência e objetivo a flexibilização da legislação trabalhista como forma de controle dos custos de mão de obra e da prevenção de reclamações de passivos trabalhistas. Dessa forma, buscava-se aumentar o grau de competitividade das empresas em relação à concorrência internacional.

Assim como não há parto ou cálculo renal sem dor, a reação das lideranças sindicais se deu de imediato, e estava focada na preservação dos direitos trabalhistas conquistados durante décadas, sob a alegação da precarização dos salários, benefícios e condições de trabalho proporcionados pelas novas formas de contratação.

Obviamente que os novos modelos dos contratos individuais irão impactar diretamente o ambiente de trabalho e, por consequência, a sua gestão, como líder operacional.

As formas tradicionais de contratação direta envolvem os seguintes modelos de contratos individuais de trabalho:

- **Experiência**

    O modelo de contrato de experiência, praticado pela maioria das empresas, de um modo geral, tem prazo de vigência limitado a 90 dias. Ele se destina a possibilitar a avaliação dos novos colaboradores quanto às suas competências, comportamentos e atitudes oferecendo garantias mínimas aos contratados.

    Não ocorrendo a rescisão do contrato de experiência, ele se transforma automaticamente num contrato de trabalho por prazo indeterminado, passando a ser gerido por essa nova condição.

- **Prazo indeterminado**

    Trata-se do modelo utilizado pelas empresas para a contratação da maioria absoluta dos trabalhadores brasileiros. Nele estão definidas as normas e regras básicas, como: a função ou cargo do trabalhador, o salário, as atribuições e responsabilidades básicas, os locais de trabalho, as jornadas de trabalho e algumas condições complementares.

Essa modalidade de contratação pode ser complementada por condições coletivas negociadas com os sindicatos laborais e constantes dos acordos e convenções coletivas.

- **Prazo determinado**

    Essa modalidade tem um prazo de vigência limitado a dois anos e se destina a atividades de caráter transitório cuja natureza justifique a determinação de prazo. Como exemplo, pode-se citar uma obra ou serviço que tenha, de forma intrínseca e clara, um prazo de término definido.

Das duas outras formas de contratação direta, a primeira — representada pelo **contrato de trabalho por tempo parcial** — já estava prevista na legislação e a reforma apenas alterou os limites de jornada semanal, fatores determinantes do salário e da remuneração do trabalhador envolvido. No mais, ela guarda uma relação de similaridade com o contrato com prazo indeterminado, em termos de condições e garantias.

A segunda forma de contratação — representada pelo **contrato de trabalho intermitente** — é tida como a grande novidade e surpresa da reforma trabalhista. Ela se destina a situações de prestação de serviços não contínua, com alternância de períodos de inatividade, cuja remuneração pode ser determinada em horas, dias ou meses.

A remuneração contratada será por hora trabalhada, não podendo ser inferior ao valor hora previsto pelo salário mínimo nacional ou regional.

A reforma trabalhista contemplou alterações nas três modalidades básicas de contratações de trabalhadores de forma indireta sem vínculo empregatício. As duas primeiras são relativas aos temporários e aos terceiros, disciplinadas pela Lei 13.429/17:

- **Temporários**

    A nova lei ampliou o prazo de contratação de temporários para até 270 dias, realizado por empresas específicas de trabalho temporário. Trata-se de uma modalidade muito utilizada para fazer frente a demandas sazonais, que não justifiquem a contratação por prazos determinados ou indeterminados. São asseguradas aos trabalhadores contratados as mesmas condições de saúde, segurança e alimentação oferecidas pelas empresas aos seus empregados próprios.

- **Terceiros**

    A nova lei igualmente disciplinou o processo de terceirização, antes não previsto expressamente na legislação. Ela passou a permitir a sua utilização em qualquer tipo de atividade, e não somente naquelas não relacionadas às atividades fins das empresas.

- **Autônomos**

    A contratação de autônomos como prestadores de serviços profissionais especializados, com ou sem exclusividade, de forma contínua ou intermitente, é uma modalidade pouco praticada pela maioria das empresas, apesar de, se bem conduzida, afastar a possibilidade de questionamento do vínculo de emprego.

Não sem algumas razões, as lideranças sindicais iniciaram e mantêm um processo de questionamento e combate às novas modalidades de contratação de trabalhadores, seja através dos órgãos judiciais ou diretamente com as empresas. Esse combate ocorre de forma mais contundente em relação aos modelos de trabalho intermitente e aos processos de terceirização. Isso porque eles impactam a quantidade de empregados filiados aos sindicatos laborais e, por consequência, as suas fontes de receita, além de apresentar maior vulnerabilidade à precarização do trabalho.

Como se pode deduzir, o seu acompanhamento, capacitação e atuação assertiva como líder operacional, perante suas equipes, são fundamentais para a manutenção de um ambiente de trabalho saudável, harmônico e produtivo e concorrem diretamente com a atuação das lideranças sindicais, uma vez que alguns interesses são de difícil conciliação.

O conjunto de fatores que impactam as atividades das lideranças sindicais e as suas, como líder operacional, será complementado nos capítulos seguintes, que tratam respectivamente: do papel e responsabilidades do líder operacional nos processos de negociação coletiva; do gerenciamento de conflitos coletivos; e das estratégias para lidar com paralisações do trabalho, como os planos de contingências.

CAPÍTULO 8

O líder operacional como apoiador dos processos de negociação coletiva

Inicialmente, e de forma a facilitar a compreensão deste capítulo, é importante destacar que os processos de negociação coletiva, que resultam em acordos e convenções coletivas do trabalho, representam a principal forma de atuação das lideranças sindicais.

A legislação trabalhista estabelece que uma convenção coletiva é firmada entre uma entidade sindical laboral (sindicato, federação ou confederação) e uma entidade patronal (sindicato, federação ou confederação). Já um acordo coletivo é firmado diretamente entre um sindicato laboral e uma empresa.

Os acordos e as convenções coletivas têm a finalidade de disciplinar itens complementares à legislação trabalhista e aos contratos individuais de trabalho. Seus conteúdos tratam basicamente das questões relacionadas a seguir:

- Os salários e respectivos adicionais, por exemplo, aqueles decorrentes de: horas extras, horário noturno, periculosidade, insalubridade. Juntos, eles formam a remuneração dos trabalhadores.
- A organização e as condições de trabalho, por exemplo: questões relacionadas à segurança e medicina do trabalho, regimes e escalas de trabalho, máquinas e equipamentos, vestiários.

- Os benefícios e serviços concedidos aos trabalhadores, por exemplo: transporte fretado, alimentação, assistência médica, cesta básica.

- Os aspectos político-sindicais, por exemplo: descontos de contribuições sindicais em folha de pagamento, campanhas de sindicalização, afastamentos de dirigentes sindicais, utilização de quadros de aviso, critérios de acesso às dependências da empresa.

Os acordos coletivos — negociados diretamente com as empresas — e as convenções coletivas — negociadas com os sindicatos e entidades patronais — têm vigências legais mínimas de um e máxima de dois anos, sendo que as datas de início são conhecidas como data-base. Também constitui uma prática comum à negociação de acordos coletivos de temas específicos, como: regimes de trabalho em turnos, planos de participação nos lucros ou resultados[1], férias coletivas.

As datas-base representam a melhor oportunidade para as lideranças sindicais das diferentes categorias profissionais (metalúrgicos, químicos, bancários, comerciários etc.) demonstrarem eficiência para os trabalhadores. Isso se dá por meio de conquistas de reajustes salariais, de benefícios, de melhores condições de trabalho. Assim, elas podem continuar prestigiadas. São as épocas que podem envolver mobilizações, passeatas, assembleias, paralisações do trabalho, greves, situações de alta exposição e visibilidade das lideranças sindicais perante os trabalhadores representados.

---

[1] Participação nos lucros considera os resultados oficiais dos balanços das empresas. Já a participação nos resultados considera itens de gestão da empresa, como volumes de produção, produtividade, indicadores de qualidade, retrabalho etc.

Ademais, muitos sindicatos não têm estrutura e recursos suficientes para atender de maneira mais personalizada e mais presente os seus representados, especialmente em razão da grande quantidade de empresas da sua base territorial. Nesses casos a data-base é a grande oportunidade de se fazerem presentes.

Nos processos de negociação coletiva, é normal que o clima interno nas empresas possa fugir da normalidade, com as partes envolvidas se colocando em posições opostas, na defesa de seus interesses.

De um lado, temos a empresa, representada pelos comitês de negociadores patronais, apoiados pelas lideranças internas (gerentes e líderes operacionais), preocupados com a produtividade, competitividade, rentabilidade e o clima organizacional. Quando se trata de negociação visando a celebração de uma convenção coletiva, os negociadores patronais são indicados pelas empresas e pelos sindicatos patronais para compor o comitê negociador. Já quando for uma negociação que busca a celebração de um acordo coletivo, o comitê negociador da empresa é composto normalmente de profissionais das áreas de recursos humanos, relações trabalhistas e sindicais, jurídica e das áreas operacionais.

De outro, os colaboradores, representados pelos negociadores sindicais, preocupados com a melhoria de seus salários, condições de trabalho e benefícios.

A dinâmica do processo da negociação coletiva abre oportunidade para ocorrência de eventuais conflitos, ou até mesmo pode estimulá-los. Mas o fechamento de um acordo, meio pelo qual se obtém a conciliação dos interesses divergentes, representa a normalização das relações e a solução dos eventuais conflitos.

Tudo isso impacta diretamente o ambiente de trabalho. Portanto, requer a sua atenção e participação, como líder operacional, apoiando os processos de negociação coletiva perante os colaboradores — os principais beneficiários dos acordos e convenções coletivas.

> **O que deve e pode fazer parte dos acordos e das convenções coletivas?**
>
> Nas nossas atuações em processos de negociação ou de capacitação de negociadores patronais, os participantes sempre questionam sobre o que deveria e poderia, ou não, fazer parte dos acordos e convenções coletivas, inclusive se existe uma quantidade limite de cláusulas.
>
> A legislação contempla algumas respostas para esses questionamentos, por exemplo, alguns novos artigos da CLT, introduzidos pela reforma trabalhista de 2017.
>
> O artigo 611-A relaciona quinze itens que podem ser negociados com prevalência sobre a legislação, por exemplo: regimes, escalas, jornadas, horários de trabalho e descanso e o programa de participação nos lucros ou resultados.
>
> O artigo 611-B aponta trinta itens que constituem direitos fundamentais e que não podem ser suprimidos ou reduzidos por meio da negociação coletiva, por exemplo: salário mínimo, 13º salário, adicional noturno, férias e licença-maternidade.
>
> Quanto à quantidade de cláusulas, a legislação não estabelece limites. Esta irá depender do nível de detalhes que as partes — empresas e sindicatos — estiverem dispostas a negociar.
>
> Entretanto, quanto maior o nível de detalhes, mais demorados, mais complexos e mais sujeitos a turbulências e conflitos serão os processos de negociação.

Os papéis e as responsabilidades do líder operacional como apoio aos processos de negociação coletiva

Ao realizarmos treinamentos e capacitações de negociadores patronais e assessoria aos processos de negociação coletiva, costumamos ressaltar que as mesas de negociação são diretamente impactadas pelo clima interno das empresas.

Por ocasião das datas-base, o clima interno passa a ser influenciado pela ansiedade e pelas expectativas quanto aos resultados da negociação coletiva. Afinal, o que está em jogo é a remuneração, os benefícios, as condições de trabalho, a saúde, a segurança e a qualidade de vida dos colaboradores.

Esse desvio da normalidade do ambiente de trabalho, em decorrência da aproximação da data-base, começa a ganhar corpo e expressão entre 60 e 30 dias que a antecedem. Ele tende a permanecer estável ou crescer, dependendo do clima interno nas empresas e da atuação e mobilização sindical, que procuram transformar os desejos e expectativas dos trabalhadores em oportunidades de grandes conquistas. Esse cenário, em muitas empresas, é motivo de preocupação por parte de seus dirigentes e gestores, uma vez que podem impactar negativamente a produção e a produtividade. A possibilidade de um conflito pode resultar numa paralisação, com consequências desastrosas.

Imagine, por exemplo, o quanto uma paralisação da produção de uma empresa de autopeças irá impactar as linhas de montagem de seus clientes, pois há muito que as montadoras trabalham no sistema *just in time*. A linha de produção simplesmente pode ser interrompida, o que pode acarretar elevadas multas contratuais ao fornecedor, além da perda de confiança, resultando na sua substituição por outro de maior confiabilidade.

Imagine outra situação que pode aumentar ainda mais esse risco. Numa determinada empresa, ao se aproximar da data-base, o clima interno não se encontra bem. São inúmeras as reclamações sem solução ou, pelo menos, sem explicações e justificativas da empresa. O copo dos colaboradores está cheio, como descrito no capítulo anterior. Soma-se a isso a ansiedade e as expectativas dos colaboradores em relação ao processo da negociação da data-base, determinante para a situação dos salários, das condições de trabalho e dos benefícios que irão vigorar pelos próximos 12 ou 24 meses.

Já vivenciamos inúmeras situações similares, em que o clima esquentou, fugiu do controle, e o conflito e a paralisação foram inevitáveis.

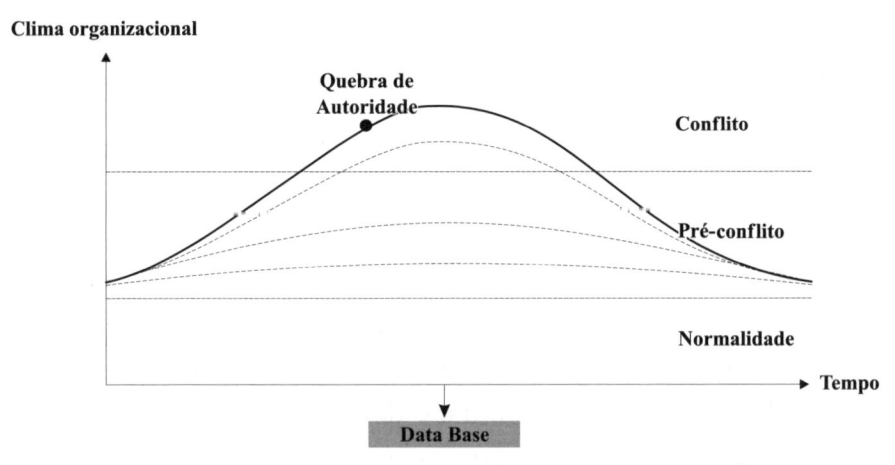

Figura 1 • Processo de negociação coletiva — a curva do conflito

Quando isso ocorre, mesmo com a solução do conflito e o encerramento da paralisação, o retorno à normalidade é muito mais difícil de ser alcançado. Além disso, pode demorar um tempo maior, impactando um dos bens mais preciosos da empresa: o ambiente de trabalho saudável, harmônico e produtivo.

Por outro lado, esta será uma grande vitória para as lideranças sindicais, que poderão mostrar aos trabalhadores o seu poder de mobilização e negociação.

E pode ser uma grande decepção para os colaboradores, os quais poderão inclusive ser surpreendidos com descontos nos holerites, relativos aos dias não trabalhados em decorrência da paralisação. Também já presenciamos inúmeras situações iguais ou semelhantes a essa.

Aí é que entra você, líder operacional. Não como salvador da pátria, mas como aquele que poderá apoiar, com competência, os processos de negociação coletiva, sendo, ao mesmo tempo, porta-voz da empresa perante os colaboradores e representante dos colaboradores perante a empresa. Além das atribuições cotidianas inerentes à manutenção de um ambiente de trabalho saudável, harmônico e produtivo, com a aproximação da data-base, você deverá atuar como apoiador dos processos de negociação coletiva.

Para facilitar o entendimento, é essencial conhecer o processo da negociação como um todo, em todas as suas cinco etapas básicas:

1ª — Preliminar.

2ª — Aproximação.

3ª — Discussão.

4ª — Apresentação, análise e validação, ou não, da proposta final.

5ª — Fechamento, assinatura e implantação do acordo ou, na sua impossibilidade, preparar-se para um dissídio coletivo na justiça do trabalho, com ou sem a ocorrência de uma greve.

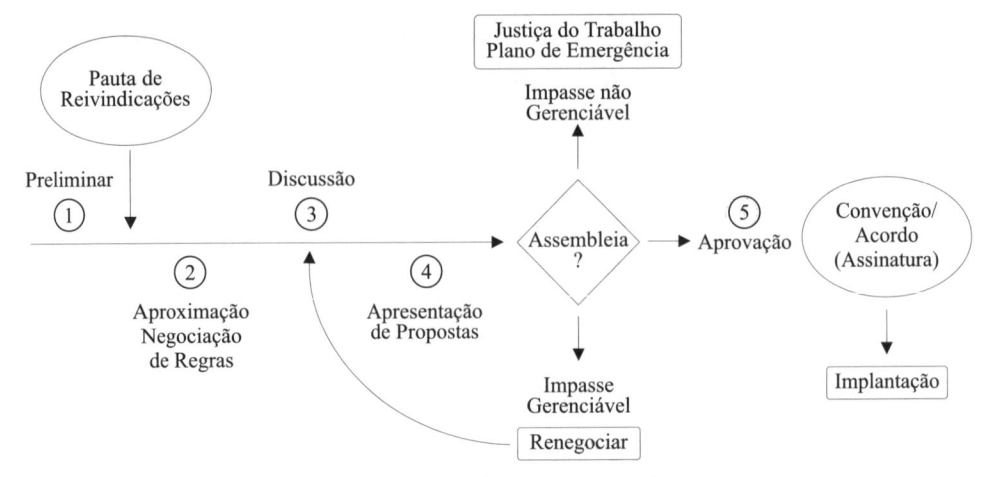

Figura 2 • Etapas da negociação coletiva

De forma resumida, entende-se por dissídio coletivo quando a negociação coletiva não chega a bom termo entre as partes e é encaminhada à Justiça do Trabalho, passando previamente pela tentativa de uma conciliação. Quando a conciliação não se concretiza, o processo prossegue e se encerra com a decisão imposta pela Justiça do Trabalho.

Na prática, o processo do dissídio coletivo significa renunciar ao instrumento da negociação e delegar para um terceiro, a Justiça do Trabalho, a decisão.

Ao longo das centenas de processos de negociação que assessoramos, percebemos que em inúmeras vezes o juiz do trabalho ou desembargador — se utiliza de uma decisão intermediária e, quando isso ocorre, é normal que todos os envolvidos não fiquem satisfeitos: empresa, colaboradores e sindicatos. Como exemplo, imagine que uma empresa estabeleceu um limite de até 3% para ser aplicado aos salários dos colaboradores e o sindicato apresentou uma pauta pleiteando 15%. Ao cabo, a justiça decretou um reajuste salarial de 8%.

Retornando às atribuições do líder operacional, sua tarefa principal será atuar como elo entre o processo da negociação, que usualmente ocorre fora das dependências da empresa, e a equipe de trabalho. Sua atuação tem início na etapa preliminar, quando a ansiedade em relação à data-base ainda está sob controle.

Compete a você, com cautela, escutar os trabalhadores, os ruídos, perceber as manifestações. Isso se dá de diferentes formas, como rodinhas de conversa, envio de recados indiretos, alterações no ritmo da produção. Além disso, você deve ser capaz de identificar os reais anseios e expectativas dos colaboradores.

Certa ocasião fomos contratados por uma empresa de autopeças da região oeste do estado de São Paulo para assessorá-la depois da ocorrência de uma longa greve.

Fazíamos parte de uma equipe de consultores e nossa tarefa foi entrevistar alguns profissionais da área de planejamento e controle da produção, com o objetivo de identificar as prováveis causas do movimento grevista. Ao final da entrevista, perguntamos aos entrevistados se eles tinham percebido algum tipo de anormalidade que tivesse chamado a atenção.

A resposta nos surpreendeu. Eles afirmaram que no período que antecedeu a greve — uns três meses antes —, os indicadores de produtividade e qualidade dos produtos apresentaram um crescimento contínuo nunca alcançado. Além disso, na semana da greve, a produtividade chegou a quebrar o recorde e superar as demais unidades da empresa, inclusive aquelas localizadas em outros países.

Confrontando com outras informações, concluímos que a estratégia e a orientação sindical foram no sentido de evitar quaisquer atitudes que conturbassem o ambiente de trabalho e assim pegar a empresa de surpresa, despreparada para um movimento grevista.

Num processo de negociação, a surpresa pode ser utilizada como uma poderosa ferramenta de pressão.

No caso descrito, a liderança operacional não correlacionou a melhoria repentina e contínua dos indicadores de produtividade e qualidade com o processo de negociação coletiva que se aproximava, evidenciando a importância do seu apoio ao processo de negociação, como fornecedor de informações valiosas sobre o clima interno. Na outra ponta, você, líder operacional, exercerá o papel de porta-voz da empresa, informando os seus colaboradores sobre o andamento do processo da negociação, em todas as etapas, evitando igualmente as surpresas desagradáveis e desestabilizadoras.

O pico de tensão de um processo de negociação de qualquer natureza ocorre nas etapas finais. No caso da negociação coletiva, essa etapa final é representada pela apresentação da proposta da empresa que é levada à assembleia dos trabalhadores pelas lideranças sindicais, para deliberação e aprovação dos trabalhadores. A apresentação da proposta final para os trabalhadores é realizada de forma verbal, podendo ser em uma assembleia geral ou em várias assembleias, por exemplo, por turnos de trabalho.

Até lá, você, líder operacional, deverá ter fornecido todas as informações possíveis aos colaboradores, por meio de um processo de comunicação estruturado, descrito no Capítulo 5. Isso irá prepará-los para uma participação responsável nas assembleias de aprovação das propostas finais.

O que se busca com isso é que, ao levantar a mão para aprovar ou não a proposta final ou ao assinalar na cédula a sua concordância ou não, os colaboradores o farão de forma consciente e equilibrada, assumindo as consequências de sua decisão — sejam elas boas ou ruins. Assim, eles entrarão no jogo para jogar, decidir e assumir o papel de protagonistas dos seus destinos quanto à relação com a empresa e com o sindicato, e não fazendo o papel de expectadores, deixando a decisão por conta de outros.

Atuando dessa forma, você, líder operacional, consolidará o respeito e a confiança dos seus liderados e manterá o clima interno sob controle, considerando as circunstâncias de cada processo ou, no mínimo, reduzirá os impactos de um eventual conflito coletivo.

As consequências da não participação e do não comprometimento do líder operacional com os processos de negociação coletiva

Conforme relatado no Capítulo 3, nas nossas atividades de consultores, durante muitos anos assessoramos os processos de negociação coletiva de uma grande empresa metalúrgica localizada numa região altamente politizada em termos sindicais.

Naquele período, os processos de negociação coletiva invariavelmente culminavam em impasses intransponíveis e eram encaminhados por uma das partes — empresa ou sindicato — ao Tribunal Regional do Trabalho, passando antes por tentativas frustradas de conciliação local.

As lideranças sindicais acusavam de forma dura e aberta o comportamento da empresa e dos seus negociadores, responsabilizando-os pelos impactos negativos para os trabalhadores, cujos reajustes salariais diretos e indiretos, determinados pelas sentenças judiciais, tinham aplicação prática com meses de atraso. As inúmeras consequências dessa prática viciada — as reclamações, as acusações, os conflitos individuais e coletivos, as paralisações do trabalho, as greves — causavam enormes prejuízos para todos os envolvidos, incluindo a comunidade.

Durante nossas assessorias, usualmente contratadas de última hora, apontamos a quase completa omissão dos líderes operacionais, visto que eles apenas se limitavam a comunicar aos liderados o andamento dos processos de negociação. Uma análise mais acurada da situação indicou que a liderança operacional mantinha um compromisso velado com os colaboradores, não os envolvendo e não exercendo qualquer tipo de pressão para o comparecimento nas assembleias, obtendo como contrapartida o compromisso dos trabalhadores com as metas e os resultados operacionais, deixando os processos de negociação sob a responsabilidade exclusiva dos profissionais da área de recursos humanos e relações trabalhistas e sindicais.

A situação, até certo ponto cômoda para o nível gerencial, começou a mudar a partir das ações que tinham como objetivo o real comprometimento dos líderes operacionais para com os processos de negociação coletiva.

O não envolvimento dos líderes operacionais nos processos de negociação coletiva era percebido e entendido pelos colaboradores como uma "autorização" para participarem das mobilizações sindicais, dos ataques à empresa e das paralisações do trabalho.

A partir do momento em que os gestores, os líderes operacionais e os próprios colaboradores se deram conta de que as negociações coletivas fazem parte das relações no trabalho, os líderes assumiram a responsabilidade em apoiar os processos, e os acordos coletivos passaram a ser concluídos em menor tempo e num clima de maior entendimento entre as partes.

As fontes de poder e as estratégias sindicais nos processos de negociação coletiva

Além das fontes de poder sindical já tratadas no Capítulo 6 deste livro, especificamente em relação aos processos de negociação coletiva, as lideranças sindicais se utilizam de outras estratégias na defesa de seus interesses. As lideranças dos sindicatos mais representativos sempre atuaram no sentido de fazer da negociação coletiva da data-base o momento mais importante da sua atuação perante os trabalhadores, a empresa e a comunidade em geral.

A cada processo de negociação, o cenário econômico e social deveria ser um direcionador das estratégias sindicais, mas infelizmente em muitas situações não é o que acontece.

Muitas lideranças sindicais entendem que a responsabilidade pelos negócios é exclusiva da empresa, e os sindicatos pouco ou nada têm a ver com isso. Essa premissa, quando levada ao extremo, certamente impacta o processo da negociação coletiva, podendo resultar na mobilização dos trabalhadores, com consequências desastrosas, como a perda de empregos.

Independentemente da conjuntura, o poder dos sindicatos laborais nos processos de negociação coletiva advém, em grande parte, da capacidade de mobilização dos trabalhadores. Para obter e desenvolver essa capacidade, as lideranças sindicais se utilizam de diferentes estratégias, táticas, ferramentas e meios de comunicação. Dentre elas, destacam-se: movimentações sindicais nas portarias das empresas, realização de assembleias nas trocas de turnos, utilização de carros de som, boletins sindicais, rádio, tv, redes sociais e, mais recentemente — forçados pelo distanciamento e isolamento social em razão da pandemia —, os recursos de comunicação a distância disponibilizados pela internet.

Como apoio a essa estratégia sindical, é fundamental que o acordo ou a convenção coletiva a ser renovada por meio do processo de negociação seja expressivo e de grande visibilidade, tanto em termos de valores, salários, adicionais, benefícios e serviços, quanto em quantidade de cláusulas a serem negociadas. Quando não é possível obter um acordo ou convenção coletiva expressiva, capaz de mobilizar os trabalhadores, alguns sindicatos laborais se valem de estratégia oposta, qual seja, realizam as assembleias com uma pequena parcela de trabalhadores, normalmente aqueles mais insatisfeitos com as empresas ou mais adeptos à causa sindical. Isso facilita a não aprovação das propostas patronais e criando condições para o endurecimento do processo da negociação, inclusive com a decretação de greve.

As fontes de poder empresarial e a contribuição do líder operacional nos processos de negociação coletiva

Quanto maior a complexidade citada nos parágrafos anteriores — uma decorrência natural dos conflitos de interesses levados às mesas de negociação —, maior será a contribuição que você, líder operacional, poderá oferecer ao processo de negociação coletiva.

Uma dessas formas, talvez a principal, está diretamente relacionada à sua atuação como líder operacional, não somente no cotidiano das relações no trabalho, como já mencionado nos capítulos anteriores, mas de fundamental relevância durante as cinco etapas do processo da negociação coletiva. Seu apoio efetivo ao processo de negociação terá grandes chances de sucesso se você contar com a plena confiança de seus liderados ao se aproximar do período de negociação coletiva.

Mas somente isso não basta. Você precisará desenvolver e aplicar, pelo menos, duas estratégias específicas para esse período, visando o controle do clima interno no seu setor de trabalho e a uma comunicação eficaz com os colaboradores. E ambas devem estar em consonância com a comissão da empresa encarregada do processo da negociação coletiva ou com a área de recursos humanos e relações trabalhistas e sindicais.

A primeira estratégia se refere ao controle do clima interno. Ela é desenvolvida pelo monitoramento diário do ambiente de trabalho, considerando as ocorrências que possam estar se desviando da normalidade, desde as mais simples às mais agressivas. Dentre elas, pode-se destacar:

- Faltas ao trabalho.
- Atrasos na marcação do ponto.
- Atos de indisciplina.
- Aumento de reclamações em relação a transporte, vestiários, alimentação etc.
- Recusa em fazer horas extras.
- Solicitações de demissão.
- Acidentes de trabalho.
- Idas ao ambulatório médico.
- Afastamentos por doença.
- Falhas e defeitos operacionais.
- Quebras de equipamentos.
- Boatos.
- Rodinhas de conversa entre os colaboradores.

- Circulação de boatos, cartazes.
- Pichações.
- Atos de sabotagem.

Suas atitudes como líder devem estar focadas para que todos os meios e condições de trabalho estejam funcionando regularmente e para a rápida e imediata correção dos eventuais desvios da normalidade. Nesse período, qualquer um desses desvios deve ser analisado, avaliado e informado aos níveis superiores ou áreas de recursos humanos e relações trabalhistas e sindicais.

A segunda estratégia, a adoção de comunicação específica para o período da negociação, complementa a primeira e está relacionada à sua presença física junto aos colaboradores da sua equipe. Quando isso não for possível, que todos saibam de sua disponibilidade para atendê-los, mesmo a distância, em caso de necessidade.

Além dos recursos e informações disponibilizadas pela empresa sobre o andamento do processo da negociação coletiva, sua maior contribuição como líder operacional será uma comunicação verbal e direta com os colaboradores, preferencialmente em pequenos grupos, repassando as informações recebidas da empresa, ouvindo-os e percebendo suas reações. Lembre-se de que **não comunicar** representa igualmente um ato de comunicação, com o mesmo poder de influência — **só que negativa** — sobre os colaboradores.

Portanto, como não existe omissão em comunicação, a não comunicação poderá ter efeito adverso ao desejado, quando o que está sendo negociado é de interesse real dos colaboradores.

> Certa ocasião, quando assessorávamos um processo de negociação coletiva numa empresa mineradora, percebemos que informações emanadas do comitê negociador não estavam sendo repassadas para os colaboradores de um setor estratégico da produção. Aquilo estava colocando em risco a continuidade das operações.
>
> Ao ser questionado a respeito, o líder operacional daquele setor alegou ter motivos para não confiar nas orientações do comitê negociador e, por essa razão, preferia aguardar os acontecimentos para depois se posicionar perante os colaboradores e assim não desgastar sua imagem.
>
> O movimento grevista ocorrido nesse processo de negociação teve início exatamente no setor desse líder operacional.
>
> Os colaboradores entenderam que a omissão do líder operacional denotava a sua não concordância ou não preocupação com o rumo das negociações. Por causa disso, eles foram procurar informações com as lideranças sindicais, abrindo espaço para uma mobilização sindical.

As estratégias de mobilização sindical *versus* as estratégias de desmistificação do processo de negociação coletiva

Dois aspectos são fundamentais e direcionadores das estratégias de mobilização dos trabalhadores durante os processos de negociação coletiva.

O primeiro se refere ao quanto e com que os trabalhadores estão insatisfeitos em relação à forma como têm sido tratados pela empresa. Neste caso, a empresa é representada pelas áreas de recursos humanos, medicina e segurança do trabalho, segurança patrimonial, serviços de transporte e de refeição e, especialmente, pelo líder operacional. Todas as pequenas queixas, reclamações e reivindicações dos colaboradores, se não atendidas ou não esclarecidas pela empresa e pela sua liderança direta, permanecem ocultas e latentes, se acumulando ao longo do tempo.

As lideranças sindicais identificam essas insatisfações e as trazem ao contexto das negociações coletivas, utilizando-se de pesquisas formais ou informais e das assembleias para a formulação das pautas de negociação.

O segundo aspecto está relacionado a necessidades, interesses e expectativas dos trabalhadores quanto ao próximo acordo coletivo a ser firmado com a empresa, tais como: reajustes salariais; reajustes dos adicionais; melhoria dos benefícios como assistência médica e odontológica, cesta básica, vale-alimentação e melhoria das condições de trabalho.

Para mobilizar os trabalhadores, as lideranças sindicais habilmente se utilizam dessas informações. Elas dão grande visibilidade às insatisfações e transformam os desejos dos trabalhadores nas grandes bandeiras de luta, como apoio fundamental ao processo da negociação coletiva.

Compete à empresa agir no sentido oposto, visando desmobilizar os colaboradores em relação ao processo da negociação, por meio de ações e esclarecimentos que visem reduzir os níveis de suas insatisfações. Além disso, ela deve promover uma reflexão capaz de trazer os desejos coletivos a uma realidade condizente com a estrutura da empresa, com a conjuntura de seus negócios e com o seu grau de competitividade.

As ações de desmobilização têm o objetivo de estabelecer um ambiente de tranquilidade para o processo de negociação coletiva. Elas buscam evitar que o clima saia do controle, o que, como já mencionado, provocará prejuízos, muitas vezes irreparáveis, para todos os envolvidos: empresa, colaboradores, sindicato e a própria sociedade.

Para as ações de mobilização favoráveis ao fechamento do acordo coletivo, a empresa conta, além da capacitação dos negociadores e das estratégias de negociação, com o time de líderes operacionais. Quanto maior o comprometimento destes, maior será o protagonismo dos colaboradores no processo da negociação coletiva, o que é absolutamente correto e justo, pois o que está em jogo — os resultados que constarão do acordo coletivo — é de seu exclusivo interesse.

Uma estratégia eficaz para manter a tranquilidade no ambiente de trabalho consiste na desmistificação do processo da negociação coletiva.

Durante a nossa longa carreira de consultores empresariais, constatamos a existência de uma mística em torno dos processos de negociação coletiva, criada pelos sindicatos laborais. Sua narrativa é de que a negociação da data-base da categoria profissional — e os consequentes acordos ou convenções coletivas — representam os eventos e instrumentos mais significativos das relações entre o capital e o trabalho, entre a empresa e os colaboradores.

Sem menosprezar ou diminuir a importância desses eventos e instrumentos, as relações laborais são pautadas por inúmeros outros de igual ou maior significância para os colaboradores e seus familiares. Como exemplo, podemos citar a CLT, leis e decretos complementares, as súmulas, a Justiça do Trabalho, os órgãos públicos fiscalizadores, o contrato individual de trabalho, as políticas salariais, as perspectivas de carreira e as carteiras de benefícios e serviços oferecidos pelas empresas.

A mística decorre não somente das estratégias sindicais que visam valorizar os processos de negociação coletiva — uma prerrogativa dos sindicatos —, mas especialmente do desconhecimento, do desinteresse e da desatenção dos colaboradores para com o tema. Esses traços dos colaboradores são decorrentes do longo período do governo militar (que foi de 1964 a 1985), quando as negociações coletivas deixaram de ser realizadas e as mobilizações e greves eram proibidas. Deve-se levar em conta também o fato de que, até poucos anos atrás, as próprias empresas desestimulavam a participação dos trabalhadores nos processos de negociação coletiva e nas assembleias, com receio de mobilizações e greves. Mais recentemente é que as empresas — e os próprios colaboradores — estão percebendo a importância dessa participação e protagonismo.

Os próprios sindicatos enfrentam inúmeras dificuldades para atrair a atenção e a participação dos seus liderados nas assembleias, tanto para a construção das pautas de reivindicações a serem apresentadas, como para decidir sobre as contrapropostas das empresas. Em razão disso é muito comum as assembleias contarem com a participação de uma minoria ativa e interessada que acaba por decidir pela maioria omissa dos trabalhadores.

Compete à empresa planejar e implementar, por intermédio dos líderes operacionais, um processo de comunicação estruturada, de cima para baixo, com o objetivo de repassar aos colaboradores todo o conhecimento necessário para o pleno entendimento do processo de negociação e suas consequências — favoráveis ou desfavoráveis —, capacitando-os e motivando-os para uma participação responsável. Dessa forma, os colaboradores terão a possibilidade de serem os protagonistas das negociações coletivas, como principais beneficiários dos seus resultados.

A empresa, por sua vez, cumprirá a sua obrigação em negociar com os representantes sindicais dos seus colaboradores, compatibilizando as necessidades e expectativas destes com as suas possibilidades de concessão.

Você, líder operacional, cumprirá assim o seu principal papel como apoiador do processo de negociação coletiva, mantendo a tranquilidade do clima interno e fortalecendo a relação de respeito e confiança recíproca com os seus liderados.

▪ Estratégias de negociação coletiva online — o que muda em relação à mobilização dos trabalhadores

O desenvolvimento tecnológico, o contínuo crescimento do trabalho a distância (na modalidade home office) e o distanciamento social como forma de proteção contra a Covid-19 têm incentivado os processos de negociação online. Incluem-se aí as reuniões de negociação nas suas várias etapas, a realização das assembleias dos trabalhadores e os julgamentos dos processos de dissídios coletivos.

Esse novo modelo de negociação coletiva, que veio para ficar, requer novas estratégias, tanto dos sindicatos laborais, quanto das empresas. Ele impacta diretamente o jeito de atuar dos líderes operacionais e as formas de participação dos colaboradores.

Os seus papéis e responsabilidades, enquanto líderes operacionais, acabam ganhando uma nova dimensão. No entanto, os objetivos continuam os mesmos: estar presente e disponível para dialogar com os liderados, se comunicando de forma clara, objetiva e imediata, informando-os sobre o andamento e entendimento em relação ao processo da negociação e mantendo a tranquilidade no ambiente de trabalho.

Você, como líder operacional, deverá permanecer atento durante todo o processo da negociação, especialmente quanto à realização de assembleias virtuais, considerando que, também para os colaboradores, representa uma novidade, não estando familiarizados com tal funcionamento.

> *Recentemente eu, Heli Junior, assessorei uma empresa do setor químico no seu primeiro processo de negociação coletiva da data-base de forma online.*
>
> *O ritual foi praticamente o mesmo: o sindicato encaminhou a pauta de reivindicações, fizemos uma análise prévia, elaboramos toda estratégia e marcamos a reunião inicial. Nesse momento surgiu a primeira "novidade": a participação de dois colaboradores como convidados (escolhidos pelos próprios empregados). O argumento do sindicato foi que todo o processo deveria ter muita transparência e credibilidade — já que se tratava de uma novidade — perante os companheiros. Houve o aceite por parte da empresa e todo o processo ocorreu de forma tranquila. O diálogo e o respeito prevaleceram durante todas as rodadas de negociação e, em alguns momentos, tivemos a oportunidade de também ouvir os colaboradores convidados. Por fim, eles acabaram sendo os "comunicadores junto aos colegas" do que realmente estava acontecendo em cada rodada.*
>
> *A empresa teve que rapidamente criar um canal direto junto aos gestores — em especial com os líderes operacionais — para que todos fossem informados em tempo real do que estava acontecendo no processo da negociação. Essa responsabilidade coube a um profissional da área de RH/comunicação que participava das rodadas de negociação como ouvinte.*
>
> *Foram necessárias somente 3 rodadas de 90 minutos para que chegássemos à proposta final, que foi votada de imediato, uma vez que na última reunião todos os colaboradores foram convidados a participar.*

Você, como líder operacional, não importa o modelo ou a forma de negociação, deverá permanecer atento durante todo o processo, especialmente quanto à realização de assembleias virtuais. Considere que para os colaboradores isso também representa uma novidade, com qual não estão acostumados.

Posturas e procedimentos esperados dos líderes operacionais nos processos de negociação coletiva

Como vimos, o processo da negociação coletiva é naturalmente propício ao surgimento de conflitos, o que requer uma atenção especial por parte do líder operacional, com o objetivo de evitar a sua ocorrência e, na impossibilidade, reduzir seus impactos. A seguir são enumeradas algumas das principais posturas e procedimentos esperados dos líderes operacionais durante os processos de negociação coletiva:

- Monitorar ativamente o ambiente interno, visando manter as boas condições de trabalho.
- Manter a equipe informada sobre o desenrolar do processo da negociação.
- Não se ausentar do local de trabalho, aproveitando para criar e aproveitar oportunidades de contato com os liderados.
- Não repassar informações sem consistência e segurança; se não souber, pergunte e busque informações com a área de recursos humanos ou relações trabalhistas.
- Não permitir que boatos circulem livremente, procurando esclarecer de imediato as dúvidas surgidas.

- Agir sempre de maneira coordenada, visando o interesse comum e prioridades estabelecidas.
- Não adotar atitudes radicais ou polemizar ao ser eventualmente confrontado por algum colaborador ou líder sindical.

Lembre-se de que o seu objetivo maior, como líder operacional, é manter a tranquilidade no ambiente de trabalho, mantendo-o sob controle durante todo o processo da negociação coletiva.

A força do líder operacional se contrapondo à força do líder sindical e o poder da massa crítica dos colaboradores

Tivemos oportunidade de vivenciar uma situação numa grande empresa siderúrgica localizada no interior do estado de São Paulo, onde a participação dos líderes operacionais no processo da negociação coletiva foi determinante. Tratava-se de um processo de negociação trabalhista anual, tipicamente desgastante, com os representantes do sindicato laboral. Ele que já durava vários dias e não havia perspectivas de evolução.

O processo da negociação caminhava para o final, e a empresa, durante a última reunião realizada numa terça-feira, ao entregar a proposta final, percebeu que os negociadores sindicais não tinham absolutamente a intenção de apresentá-la aos empregados na assembleia marcada para a quinta-feira da mesma semana.

A estratégia era desmerecer a proposta patronal, criando um impasse no processo negocial. Assim, a empresa seria pressionada na direção do aumento significativo das concessões, pois se aproximava a época das eleições para renovação ou manutenção da diretoria do sindicato. O que estava em jogo era um trunfo eleitoral, e não necessariamente os interesses dos representados.

Ao tomarmos conhecimento da intenção sindical, assessoramos no desenvolvimento de uma contra estratégia envolvendo os líderes operacionais. Além de serem os responsáveis pela divulgação interna da proposta final da empresa — cujo conteúdo representava um ganho expressivo para os colaboradores —, cada líder operacional foi orientado a estimular o comparecimento maciço dos liderados à assembleia que seria realizada na sede do sindicato.

Os líderes operacionais organizaram um esquema no qual os colaboradores chegaram ao local da assembleia pelo menos com uma hora de antecedência e ocuparam grande parte das cadeiras e dos espaços disponíveis, lotando o auditório.

Os líderes sindicais, surpresos com o nível de comparecimento e participação, deram início à assembleia. O líder sindical coordenador da assembleia deu, durante um longo tempo, inúmeras justificativas para não apresentar a proposta final da empresa. A reação da maioria dos participantes — que conheciam em detalhes a proposta final da empresa — foi a de exigir que a proposta não só fosse apresentada, mas também colocada em votação.

A proposta foi aprovada por aclamação pela quase totalidade dos participantes da assembleia, demonstrando a eficácia da estratégia da empresa ao utilizar o apoio decisivo dos líderes operacionais ao processo da negociação coletiva. Dessa forma, não permitiu-se que a aprovação da proposta fosse conduzida por interesses políticos sindicais, e sim pelos reais interesses dos colaboradores.

O caso relatado evidencia quatro aspectos relacionados ao poder, que estarão sempre presentes em processos de negociações coletivas de alta complexidade e impacto: a força do líder sindical, a força da empresa, a força do líder operacional e a força da massa crítica dos colaboradores — esses últimos os principais beneficiários dos acordos e convenções coletivas.

A força das lideranças sindicais decorre das suas conquistas em defesa dos interesses dos trabalhadores que representam, utilizando os meios legais disponíveis.

A força da empresa é construída ao longo do tempo por meio da ética e da sua imagem institucional na condução dos negócios, do nível de competitividade, do cumprimento das leis, do seu papel social e da prática de políticas de recursos humanos saudáveis e competitivas.

Figura 3 • A força do líder operacional

A força do líder operacional é conquistada no exercício diário da liderança como representante da empresa, adotando posturas, comportamentos e atitudes assertivas perante os liderados, destacando-se o respeito, a confiança, o diálogo, a abertura e a justiça.

A força dos colaboradores surge do seu conhecimento sobre os processos de negociação coletiva, suas regras e limitações legais, de um consciente coletivo sobre as reais necessidades e expectativas, sobre as possibilidades da empresa e sobre as consequências das decisões. Sua força é exercida por meio de uma massa crítica, constituída pela maioria com o apoio efetivo do líder operacional, capaz de assumir, de forma consciente, o papel de protagonistas dos processos de negociação coletiva.

Capacitando os líderes operacionais

Nossa experiência indica que, numa parcela considerável das empresas, o conhecimento e a competência dos líderes operacionais apresentam algumas lacunas quando comparados com as lideranças sindicais. Essas lacunas se referem ao conhecimento, habilidade e prática relacionadas à legislação trabalhista, comunicação coletiva e negociação coletiva.

Além dos aspectos já mencionados anteriormente, esses três pontos se destacam positivamente numa expressiva parcela das lideranças sindicais.

Sem demérito aos conhecimentos técnicos e às habilidades relacionadas a comunicar-se individualmente, saber ouvir, dar e receber feedback dos líderes operacionais — e outras que já destacamos —, os três pontos mencionados devem ser minimamente priorizados nos programas de treinamento dos líderes operacionais. Eles visam capacitá-los para assumir, de fato, o seu papel de principal agente das relações entre a empresa e os colaboradores.

Entendemos que um bom programa de treinamento dos líderes operacionais deve contemplar, no mínimo, os temas a seguir:

- Relações trabalhistas e sindicais com suas conjunturas e perspectivas.
- Os papéis e as responsabilidades do líder operacional na relação capital-trabalho.
- A atuação em parceria entre as áreas de recursos humanos, relações trabalhistas e sindicais e os líderes operacionais;
- A comunicação como ferramenta de gestão do ambiente de trabalho.
- O papel do líder operacional como apoiador dos processos de negociação coletiva.
- A força da líder operacional a serviço dos processos de negociação coletiva.

O desequilíbrio entre as forças da liderança sindical, da liderança operacional e dos colaboradores, a despeito de todas as estratégias e táticas empregadas nos processos de negociação, poderá permitir a ocorrência de conflitos coletivos que resultem na paralisação do trabalho, na queda da competitividade empresarial, na demissão de colaboradores. Isso pode vir a causar prejuízos irrecuperáveis para todos os envolvidos, e para a sociedade em geral.

Essa possibilidade — que não pode deixar de ser considerada nas estratégias de negócio das empresas — é objeto do próximo capítulo.

CAPÍTULO 9
Estratégias inteligentes para lidar com mobilizações sindicais e greves — gestão de conflitos

Figura 1 • Greve — uma manifestação social

Para mim, Heli, a greve — considerada um dos maiores problemas que uma empresa pode enfrentar — passou a fazer parte da vida muito antes de me tornar consultor empresarial. Foi quando eu exercia a função de gerente de recursos humanos de um frigorífico localizado na região da Grande São Paulo.

> Tratava-se de uma indústria tradicional, de grande porte, que processava produtos de carne bovina. Seu processo de fabricação era quase 100% verticalizado, desde a matança do animal, passando pela desossa, pelo corte das diferentes peças de carne e a produção de embutidos e enlatados, como salsichas, linguiças, salames e defumados. Incluía-se também o armazenamento e a distribuição aos clientes no mercado nacional e internacional.
>
> A carne bovina é considerada uma commodity e, como tal, tem seu preço estipulado em função da oferta e procura em nível internacional. Naquela época, o setor enfrentava uma forte e longa crise, que impactava os negócios da empresa, comprometendo seu fluxo de caixa a tal ponto que a direção decidiu por uma recuperação judicial.
>
> Para essa recuperação, a empresa foi obrigada a reduzir seus custos de forma abrupta e em grande escala, incluindo a redução do efetivo de pessoal. Como consequência, inúmeros colaboradores foram desligados, impactando diretamente o clima organizacional.
>
> Ao mesmo tempo, recebi uma informação de que o sindicato dos trabalhadores havia decidido promover um movimento grevista em todos os frigoríficos localizados na grande São Paulo, começando pela empresa onde eu trabalhava, uma vez que os colaboradores estavam reclamando da inércia dos dirigentes sindicais em relação às demissões. A greve — que tinha inclusive data agendada para ocorrer num prazo de duas semanas — representava o risco de um verdadeiro desastre, podendo até mesmo levar a empresa à falência.
>
> Como gerente de recursos humanos fui incumbido com a missão de evitar a deflagração da greve. Confesso que não sabia por onde começar. Tentei um contato com as lideranças sindicais, as quais nem sequer se dignaram me atender.

Resolvi então agir por minha conta e iniciei uma série de contatos internos, conversando com alguns colaboradores e com os líderes operacionais — na época denominados capatazes. Descobri que alguns colaboradores foram vistos com panfletos do sindicato sobre a mobilização para a greve.

Com a ajuda de alguns líderes operacionais conseguimos identificar o coordenador interno da greve. Era um ascensorista de um elevador industrial, que era utilizado pela maioria dos colaboradores — um local ideal para a mobilização e organização do pessoal para o movimento de paralisação.

A partir daquela informação, eu e o líder operacional do setor conversamos com o ascensorista e conseguimos convencê-lo da intempestividade de uma greve, considerando a situação da recuperação judicial e o impacto que uma paralisação causaria para o caixa da empresa e para os colaboradores.

Com isso aprendi algumas lições importantíssimas, dentre as quais destaco quatro:

- A greve é um evento inerente à atividade industrial e pode acontecer a despeito das boas políticas e práticas da empresa, sendo que a probabilidade de sua ocorrência aumenta na proporção da queda da qualidade dessas políticas e práticas.
- O poder de destruição de uma greve durante uma crise econômica, política ou social é imenso.
- Você, líder operacional, é a pessoa na empresa que mais tem possibilidade de obter informações relevantes e seguras sobre o ambiente de trabalho, especialmente em situações de insatisfação dos colaboradores que podem resultar em greves.

- Você, como líder operacional, é a pessoa mais indicada para dialogar com os colaboradores, e o grau de respeito e confiança entre ambos é fundamental em momentos de tensões no ambiente de trabalho.

A greve como uma manifestação social

Temos o hábito de iniciar os nossos treinamentos e assessorias que dizem respeito a greves por meio de perguntas dirigidas aos participantes: profissionais de recursos humanos, relações trabalhistas e sindicais, jurídico, gerentes e líderes operacionais.

A primeira pergunta é simples e direta: o que é uma greve?

Após os primeiros instantes que sucedem a surpresa da pergunta — aparentemente óbvia —, alguns respondem de bate-pronto: greve é a paralisação do trabalho. Na sequência, outros — aquelas pessoas que costumam refletir antes de se manifestarem — complementam com respostas mais específicas e elaboradas, como: greve é a forma de manifestar insatisfações; greve é o instrumento utilizado para a manifestação e realização de um desejo; greve é o sinal de que algo não anda bem no ambiente de trabalho.

A surpresa decorre do fato de que boa parte — senão a maioria — das pessoas, apesar de responsáveis pelos ambientes de trabalho em suas organizações, alegam nunca terem pensado a respeito do assunto, mesmo entendendo e aceitando que a greve é inerente ao trabalho, seja ele formal ou informal.

As greves, dependendo de sua configuração, tanto em suas causas quanto em sua estrutura, podem guardar similaridade com outras manifestações e ocorrências sociais, como: passeatas, manifestações, revoltas sociais e motins. Assim como as manifestações e insurgências sociais, as greves sempre confrontam a ordem e a autoridade constituída.

Tendo como referência as centenas de greves das quais participamos intensamente, assessorando empresas em diferentes situações e por diferentes razões, entendemos que uma greve é considerada deflagrada quando os colaboradores deixam de atender à ordem e à disciplina instituída pelos contratos de trabalho. Ou seja, deixam de comparecer ao trabalho nos dias e horários predeterminados e executar suas funções e tarefas contratadas, recebendo como contrapartida seus salários, benefícios e serviços.

Outro fator relevante para o pleno e profundo entendimento sobre a greve é que — salvo raríssimas exceções — uma greve não surge de repente, do nada. Nunca vimos ou soubemos da ocorrência de uma greve surpresa. Por vezes imperceptíveis aos olhares mais desavisados ou desatentos, os sinais surgem no cotidiano das relações no trabalho. Os mais comuns são: redução do ritmo do trabalho, ocorrências de improdutividade, quebras excessivas de máquinas, faltas ao trabalho, denúncias e assembleias sindicais, queixas e reclamações dos colaboradores.

Eu, Heli, lembro que a minha primeira experiência como consultor sobre o tema greve ocorreu no meu primeiro dia de trabalho. Eu trabalhava em uma grande empresa de papel, numa de suas unidades industriais na região sul do país.

A direção da empresa e, mais especificamente, da unidade estava muito preocupada com a possibilidade da ocorrência de uma greve. Os gestores da referida unidade industrial haviam percebido alguns sinais de insatisfações dos colaboradores e algumas manifestações do sindicato representativo da categoria na região. Por isso, ela resolveu formular um plano de contingências, como uma atitude preventiva caso a greve viesse, de fato, a ocorrer.

O plano de contingências foi formulado e o grupo de profissionais responsáveis foi capacitado quanto à sua aplicação prática. Com isso, a unidade industrial conseguiu atuar de forma preventiva e proativa, encerrando o movimento grevista logo no primeiro dia.

Minha segunda experiência com o tema greve, como consultor, se deu numa unidade industrial de uma grande empresa de bebidas, localizada no interior do estado de São Paulo. Nesse caso, diferente da experiência anteriormente relatada, ao ser contratado, a unidade já se encontrava no segundo dia de greve.

Com a urgência que o caso demandava, dirigi-me à unidade e fui recebido diretamente pelo diretor da fábrica. Este prontamente informou-me que foi surpreendido com a ocorrência da greve, no dia anterior. O diretor relatou que estava se sentindo traído pelos colaboradores, com os quais sempre manteve boas relações — mencionando inclusive que era padrinho de batismo de vários filhos deles.

Fiz alguns questionamentos iniciais sobre eventuais sinais que indicavam a possibilidade de ocorrência da greve. Após alguma relutância e diante de minha insistência, ele acabou comentando que uns dois ou três meses antes o boletim do sindicato laboral vinha divulgando matérias que denunciavam irregularidades e insatisfações dos colaboradores. Ele não deu atenção àquilo, uma vez que era uma prática habitual quando se aproximava o período da negociação para a renovação do acordo coletivo de trabalho.

Pedi para ver os boletins — de periodicidade semanal — e constatei os claros sinais e advertências sobre a possibilidade de uma greve, o que de fato veio a ocorrer, com vários dias de paralisação e prejuízos de toda ordem.

No primeiro caso, a direção da empresa e da unidade industrial de produção de papel considerou a greve como um evento inerente ao ambiente de trabalho e, como tal, deveria ser monitorado e gerenciado — o que não ocorreu no segundo caso da empresa de bebidas.

A legalidade de uma greve — Lei 7.783/89

Até 1988 a greve era considerada, pela Justiça do Trabalho, a princípio, uma atividade ilegal. Desde então, a partir da nova Constituição Federal promulgada em 1988, a greve passou a ser considerada um direito dos trabalhadores, disciplinada pela Lei 7.783/89 que no artigo 2º *"considera legítimo exercício do direito de greve a suspensão coletiva, temporária e pacífica, total ou parcial, de prestação pessoal de serviços a empregador"* e coloca em seu artigo 3º que *"... frustrada a negociação ou verificada a impossibilidade de recursos via arbitral, é facultada a cessação coletiva do trabalho"*.

Com isso, além de ser um risco inerente à atividade industrial ou a qualquer atividade laboral, a greve passou a ser um direito dos trabalhadores. Isso significa que ela é parte integrante das relações no trabalho, ainda que em situações excepcionais, conforme descrito no artigo 3º da Lei 7.783/89. Portanto, trata-se de um evento no qual você, líder operacional, desempenha um papel fundamental, compartilhando responsabilidades com os seus superiores, com as áreas de recursos humanos, de relações trabalhistas e sindicais e jurídica.

A lei 7.783/89, por meio dos seus dezenove artigos, disciplina praticamente todos os aspectos inerentes ao exercício da greve, por exemplo:

- Art. 1º — *"É assegurado o direito de greve, competindo aos trabalhadores decidir sobre a oportunidade de exercê-lo e sobre os interesses que devam por meio dele defender."*
- Art. 6º, § 2º — *"É vedado às empresas adotar meios para constranger o empregado ao comparecimento ao*

trabalho, bem como capazes de frustrar a divulgação do movimento."

- Art. 7º, § único — *"É vedada a rescisão de contrato de trabalho durante a greve, bem como a contratação de trabalhadores substitutos (...)"*

Esses artigos cumprem o objetivo de garantir o direito do exercício da greve pelos colaboradores e, ao mesmo tempo, inibe uma série de ações por parte da empresa.

Independentemente desse direito, que deve ser garantido legalmente, creio que uma greve deve ser encarada como um grande prejuízo para todos os envolvidos — empresas, colaboradores, sindicatos e sociedade em geral.

A possibilidade de evitar a sua ocorrência ou reduzir os seus impactos dependerá de um trabalho preventivo e permanente que vise manter o ambiente, as condições de trabalho e o clima interno sob constante monitoramento e controle. Este é, em grande parte, responsabilidade do líder operacional, uma vez que, na maioria das vezes, a paralisação do trabalho depende não somente da equipe como um todo, mas, em especial, de cada colaborador, de forma individual. E não importa que ela seja espontânea — quando os colaboradores tomam a iniciativa e cruzam os braços — ou forçadas pelas lideranças sindicais — impedindo o ingresso ao trabalho.

Quando as razões para uma greve forem de origem externa, como vimos no caso do frigorífico, você, líder operacional, tem igualmente um papel fundamental para evitar que ela ocorra ou, quando isso não for possível, reduzir os impactos, afinal, quem faz a greve acontecer — ou não acontecer — são os liderados.

O ciclo de vida de uma greve

Desde a minha primeira experiência com uma paralisação do trabalho, em 1979, até minha atuação como consultor, eu, Heli, passei a observar os comportamentos e as atitudes das lideranças sindicais e dos colaboradores. Isso nos possibilitou conceituar e estruturar o **ciclo de vida de uma greve**, cujo entendimento tem sido fundamental para evitar a sua ocorrência ou, quando isso não for possível, minimizar seus impactos negativos para a empresa, para os colaboradores e para a sociedade em geral.

Salvo algumas greves que ocorrem por motivos graves e específicos — como a ocorrência de um acidente fatal — ou por razões externas — como uma greve política de âmbito geral —, a maioria delas está relacionada às falhas de gestão do ambiente de trabalho e ocorre nos processos de negociação coletiva. É em tais ocasiões em que as partes, empresas e colaboradores — esses representados pelas lideranças sindicais — se colocam em posições opostas na defesa de suas necessidades, interesses e desejos.

Nesses casos, a maioria dos sindicatos considera a greve como parte de sua estratégia de pressão sobre as empresas no momento das negociações, visando a renovação de convenções e acordos coletivos. Isso ocorre porque é o momento em que os trabalhadores estão mais atentos e sensíveis às possibilidades de ganhos adicionais e mais vulneráveis às ações de mobilização.

Como tais, as greves relacionadas às negociações coletivas são planejadas pelos sindicatos laborais, ainda que de forma intuitiva, tendo em conta as suas diferentes etapas. Da mesma forma, as empresas devem considerar o plano de contingências para situações de greves como um item de gestão do ambiente de trabalho. Também devem sempre levar em conta que uma greve pode ter início muito antes da deflagração e terminar muito tempo depois do encerramento.

O ciclo de vida de uma greve representa um período de anormalidade nas relações entre a empresa, colaboradores e respectivos representantes sindicais. Ele está dividido em sete etapas, distintas, complementares e sequenciais:

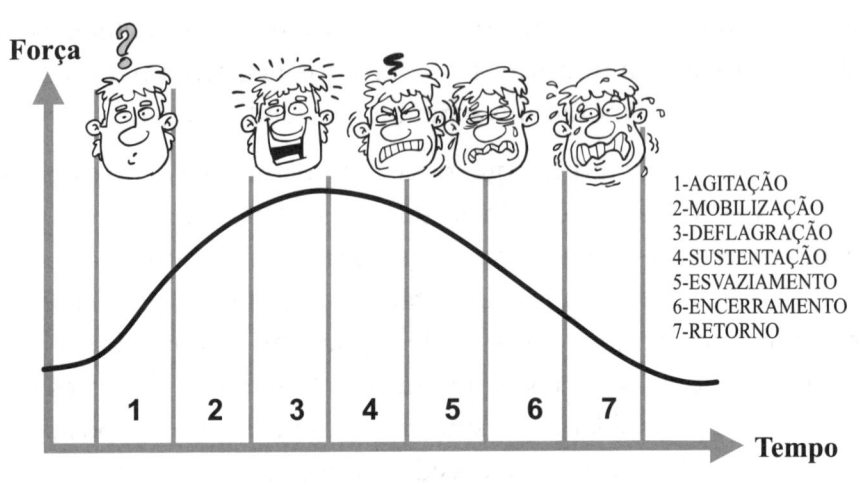

Figura 2 • Ciclo de vida de uma greve

As duas primeiras etapas — **agitação** e **mobilização** — ocorrem **antes** do início efetivo da paralisação. As três seguintes — **deflagração, sustentação** e **esvaziamento** — acontecem **durante** a paralisação efetiva do trabalho. Já as duas últimas — **encerramento** e **retorno à normalidade** — ocorrem **depois** do término efetivo da paralisação.

Cada etapa contempla características e comportamentos específicos dos colaboradores, comportamentos esses que são direcionadores de ações preventivas e corretivas por parte das várias áreas da empresa diretamente envolvidas com o tema. Vamos entender cada uma delas.

1) Agitação

Esta etapa ocorre quando data-base da categoria se aproxima — ocasião em que se negocia a renovação do acordo ou convenção coletiva do trabalho.

Os colaboradores têm noção clara da importância dessa negociação que envolve eventuais reajustes salariais, manutenção ou melhoria dos benefícios e serviços oferecidos pela empresa, manutenção ou melhoria das condições de trabalho — itens que impactam diretamente suas vidas pessoais, profissionais, familiares e sociais.

De outra parte, o grau de preocupação de uma grande parcela dos colaboradores está diretamente relacionado com a situação econômica, social e política do país e de sua região, e como isso impacta ou impactará os negócios da empresa.

Os sindicatos, por sua vez, conhecem esses sentimentos e inquietações dos representados. Assim, atuam no sentido de colher informações que possam orientar a composição das pautas de reivindicações (que é o instrumento jurídico inicial do processo de negociação coletiva) e a construção de desejos coletivos e as bandeiras de luta. Tudo isso será utilizado na mobilização dos trabalhadores.

Compete à empresa, nesta etapa, desenvolver um conjunto de ações básicas que visem manter o clima interno monitorado e sob controle. Essas ações começam por manter os empregados bem-informados sobre os negócios e resultados da empresa, e terminam por identificar e corrigir falhas de gestão, com foco em itens de maior sensibilidade para os colaboradores — como as condições de trabalho e serviços ao pessoal (alimentação, transporte e assistência médica, por exemplo).

É importante ressaltar que falhas não identificadas ou não corrigidas significam motivos de inquietação e vulnerabilidades dos colaboradores perante as ações sindicais mobilizadoras na direção de conflitos e paralisações do trabalho. Nesta etapa as empresas devem também planejar ou revisar ações corretivas a serem utilizadas no caso de ocorrências de mobilização e paralisação do trabalho.

2) Mobilização

Esta etapa é caracterizada por ações sindicais efetivas, visando a sensibilização, o convencimento e a mobilização dos colaboradores como mecanismos de pressão junto aos prepostos das empresas (diretores, gerentes, líderes operacionais, área de recursos humanos, relações trabalhistas e sindicais, jurídico, dentre outras).

Essas ações visam criar um clima crescente de euforia, um estado de emoção plena, de otimismo e ânimo, mas que necessariamente não tem a ver com a realidade da maioria dos colaboradores.

Tal estratégia de mobilização é bem-sucedida quando se consegue formar uma consciência coletiva capaz de aprovar e dar início a uma greve, tendo como referência os itens da pauta de reivindicações definidos como bandeira de luta do processo de negociação coletiva. Nesta etapa, à medida que as ações de mobilização coletiva avançam, maiores são as dificuldades da empresa visando a desmobilização dos colaboradores.

Tanto na etapa anterior quanto nesta, a ação dos líderes operacionais é fundamental para evitar a ocorrência da greve e, quando isso não for possível, reduzir os impactos e prejuízos. O clima de respeito e confiança no ambiente de trabalho — mencionado em praticamente todos os capítulos anteriores — é a base de sucesso para ações específicas nesta etapa, visando a dissuasão dos colaboradores, convencendo-os a abandonar a ideia de paralisação do trabalho.

Com respeito e confiança, existe essa possibilidade — ainda que pequena —, mas sem tal garantia é praticamente impossível reverter um quadro de euforia plena dos colaboradores.

3) Deflagração

Diferentemente das etapas anteriores — que se desenvolvem num período de meses, semanas ou dias —, a deflagração de uma greve acontece em um momento específico. Este ocorre normalmente durante uma assembleia planejada e convocada pelo sindicato laboral com essa finalidade ou por meio de ações sindicais mais agressivas e impeditivas do acesso aos locais de trabalho. Pode ainda se dar internamente, nos próprios locais de trabalho, por meio da chamada operação arrastão, em que os colaboradores são retirados à força dos locais de trabalho pelos ativistas sindicais internos e externos, ou por meio do desligamento das máquinas e equipamentos.

O início de uma greve pode ocorrer por meio de uma paralisação total do trabalho — por exemplo, um determinado turno inteiro ou grande parte dele —, em que os colaboradores não vão para os locais de trabalho. Pode ocorrer também de forma localizada, iniciando por um determinado setor — normalmente aquele no qual se concentram os colaboradores mais insatisfeitos com a empresa. Bem informados, os sindicatos sabem exatamente quais são essas possibilidades.

Igualmente, com o respeito e a confiança dos colaboradores e com boas informações, os líderes operacionais conseguem — como última chance — atuar de forma a evitar a ocorrência de uma paralisação do trabalho.

> Tivemos a oportunidade de vivenciar uma situação junto a uma grande empresa metalúrgica localizada no Vale do Paraíba, no estado de São Paulo, onde essa última chance foi estrategicamente aproveitada.
>
> Mais ou menos dois anos antes da ocorrência, a empresa decidiu mudar a sua estrutura de gestão e liderança, passando a adotar o modelo de equipes autogerenciáveis. Dessa forma, ela prescindiu da figura do líder operacional — os colaboradores que exerciam esse cargo foram afastados e passaram a exercer outras funções.
>
> A partir daí, a empresa passou a perceber alterações importantes no cotidiano das relações no trabalho e nos contratou para realizar um diagnóstico da situação. Logo percebemos que a ausência dos líderes operacionais de equipes criou um vazio de liderança. Tanto as comunicações descendentes quanto as ascendentes não fluíam a contento; atos de indisciplina começavam a aumentar, assim como as queixas e reclamações junto à área de recursos humanos.
>
> Numa sexta-feira, no exato momento em que apresentávamos as conclusões do diagnóstico ao Comitê de Gestão da Empresa num hotel da região, a reunião foi interrompida em razão de uma mensagem recebida da fábrica. Esta dizia que o sindicato laboral acabara de anunciar — na troca do primeiro para o segundo turno — a decretação de uma greve a partir da segunda-feira seguinte. Não havia muita clareza sobre os motivos, mas ela atendia às reclamações dos trabalhadores quanto às condições de trabalho.
>
> Após um rápido intervalo e absorvido o impacto da notícia, não foi muito difícil convencermos os membros do Comitê que a ausência da liderança em decorrência da mudança da estrutura hierárquica e funcional

> era a causa principal da decretação da greve. Sugerimos o resgate da função do líder operacional e o imediato retorno dos líderes afastados para os respectivos cargos — o que foi prontamente aceito pelo Comitê.
>
> Os líderes foram convocados para uma reunião no hotel no dia seguinte. Já naquele sábado pela manhã foram formalmente reempossados nos respectivos cargos, com um pedido de desculpa formal do presidente da empresa.
>
> Receberam como primeira missão manter um diálogo — se possível de forma presencial — com todos, senão com a maioria dos liderados, durante o final de semana. O objetivo era convencê-los a não participar da greve decretada para a segunda-feira.
>
> Na segunda-feira, na entrada do primeiro turno às 7h, o sindicato foi surpreendido com a postura dos colaboradores. Eles simplesmente passavam ao lado do carro de som e, sem hesitação, registravam o ponto e se dirigiam aos locais de trabalho.
>
> Consideramos que os fatores de sucesso nesse caso — e em outros similares — foram as estratégias bem definidas, a determinação e a agilidade de uma liderança capacitada e comprometida.

Na etapa da deflagração, fracassadas as possibilidades da empresa para evitar a ocorrência da greve, os responsáveis pelo plano de contingências e as lideranças operacionais devem, de imediato e com determinação, colocar em prática as ações planejadas, visando reduzir os impactos e os prejuízos do movimento.

4) Sustentação

Esta quarta etapa do ciclo de vida de uma greve é de inteira responsabilidade do sindicato laboral. Ele deve manter a motivação e o ânimo dos grevistas até que os objetivos e metas definidos sejam alcançados. Isso significa que é quando a empresa aceita e concorda com as reivindicações estabelecidas como bandeira de luta dos trabalhadores, como: reajuste salarial, aumento de benefícios, melhorias nas condições de trabalho e pagamento dos dias parados.

Frequentemente nos perguntam sobre o nível de resistência dos sindicatos, ou seja: por quanto tempo conseguem manter uma greve? Temos observado — e as lideranças sindicais sabem disso — que a euforia dos trabalhadores alcançada na etapa anterior não dura muito tempo. Daí as estratégias e táticas sindicais usadas para sustentar a duração do evento. Dentre elas, destacam-se:

- Carro de som.
- Músicas.
- Palavras de ordem.
- Churrascos nas portarias das empresas.
- Pressão psicológica.
- Ameaças e agressões verbais e físicas.

Tudo isso tem efeito de pouca duração. Por volta do terceiro ou quarto dia, a euforia começa a diminuir, os colaboradores começam a apresentar sinais de cansaço E de desânimo e são cobrados pelos familiares para o retorno ao trabalho. Assim, a euforia vai gradualmente sendo substituída pela irritação, e a situação começa e se inverter. A partir daí, os sindicalistas passam a ser cobrados sobre os resultados e sobre o término da greve.

Esta etapa é fundamental e impacta diretamente os resultados de uma greve.

As atividades operacionais paralisadas ou impactadas representam a força do sindicato durante o movimento grevista, e as empresas sabem disso. Esta é a etapa que denominamos, na intimidade, de "aperta que a gata mia". É o momento em que o sindicato vai tentar conseguir tudo o que puder em relação à pauta de reivindicações.

Há algum tempo, fomos contratados por uma grande empresa metalúrgica localizada no norte do país. O objetivo era assessorá-los na solução de uma greve que já se encontrava no quinto dia de duração e sem perspectivas de encerramento. Tão imediatamente quanto possível, embarcamos no primeiro avião para a região e chegamos no local da unidade operacional. Era a manhã de uma sexta-feira.

Ao nos dirigirmos à fábrica, num local remoto e distante alguns quilômetros da vila residencial, fomos interceptados por uma barreira montada pelos sindicalistas na estrada de acesso. Quando nos aproximamos, percebi que o motorista do táxi reduziu a velocidade e se preparava para parar. Solicitei a ele que continuasse de forma cautelosa. Mesmo assim, percebemos que ele não estava seguro. Insistimos e ele foi passando pelos "piqueteiros". Foi possível perceber como estavam hesitantes, nos olhando com uma certa surpresa e tentando descobrir quem éramos. Não abrimos os vidros do carro e continuamos firmes em frente, e assim não fomos incomodados — para surpresa de todos. Na prática, nossa atitude foi um teste para a motivação e o ânimo dos "piqueteiros". E avaliamos que não estava muito bom.

Chegando à fábrica, constatamos que ela estava sendo operada por apenas uma equipe desde o primeiro dia da greve. Essa equipe, no início da greve, era a que estava trabalhando, e foi mantida pela empresa nos seus locais de trabalho. Ou seja, das quatro equipes que se revezavam, três estavam em greve e somente uma trabalhando.

Já era o quinto dia de greve e a situação estava caótica.

A empresa organizou um sistema de revezamento entre aqueles que estavam dentro da fábrica, operando as atividades que não podiam ser interrompidas, sob pena de comprometer máquinas e equipamentos, pois se tratava de um processo de produção contínua de material quente. Foi organizado um sistema em que foram fornecidas as condições para que o pessoal pudesse tomar banho, descansar, dormir e se alimentar. Ademais, foram reforçadas as condições de segurança no trabalho.

Por sua vez, os grevistas se aproximavam das cercas da fábrica e dirigiam ameaças e ofensas aos "fura-greves" sempre que podiam, deixando-os furiosos e com mais disposição para manter a fábrica operando — ainda que com muita dificuldade.

Fomos recebidos pelo comitê da gestão da fábrica, que nos informou a situação: desde o início da greve, na segunda-feira, a empresa manteve reuniões de negociação com as lideranças do movimento. Estas, a cada reunião, reivindicavam mais alguma concessão para o encerramento da greve.

A empresa concordava, e logo aparecia outra reivindicação.

Com a nossa chegada, sugerimos uma mudança de estratégia. A direção deveria se reunir com as lideranças do movimento e comunicar que as negociações estavam encerradas, valendo a última oferta do dia anterior. Além disso, se não ocorresse o retorno imediato ao trabalho, todas as ofertas anteriores estariam canceladas.

A situação era tão tensa que nesse momento o profissional que estava coordenando o comitê de negociação da empresa começou a passar mal e teve que ser substituído.

A mudança de posicionamento da empresa foi comunicada aos coordenadores da greve. Naquele momento a "gata parou de miar" e a greve foi imediatamente encerrada, com o pessoal retornando ao trabalho.

Essa estratégia deu certo porque foi utilizada no momento oportuno, quando todos estavam exauridos — os colaboradores que estavam trabalhando, os que estavam em greve, a coordenação do movimento, os negociadores e as lideranças internas da empresa. Foi um alívio geral..

Um tempo depois, quando uma greve numa indústria localizada no interior de São Paulo se encontrava nessa mesma fase de sustentação, o desfecho foi completamente diferente.

A empresa em questão não havia percebido os sinais que indicavam a possibilidade de um movimento grevista, e a greve teve início com a adesão da quase totalidade dos colaboradores. A greve estava bem estruturada e coordenada pelas lideranças sindicais e se encontrava já no sétimo ou oitavo dia. Além disso, a empresa havia adotado o posicionamento de não negociar com a fábrica parada.

Os ânimos já estavam exaltados, e os colaboradores, cansados e preocupados. Eles também tinham receio das consequências, pois a empresa não dava sinais de que tinha disposição em negociar. As lideranças sindicais estavam sendo pressionadas pelos grevistas. Tudo indicava que a empresa estava vencendo a resistência dos grevistas pelo cansaço quando uma ocorrência alterou esse cenário.

Um gestor de uma das áreas da empresa estava ingressando na fábrica quando seu carro foi barrado por um grupo de ativistas e colaboradores gritando palavras de ordem, dando murros no carro e fazendo ameaças. O gestor observou as pessoas que estavam na manifestação e identificou um deles como um colaborador de sua área. Ele forçou a passagem e conseguiu entrar nas dependências da fábrica.

Logo em seguida, de forma individualista e visivelmente aborrecido com o ocorrido, sem aviso à coordenação do comitê de contingências da fábrica, pediu que o líder operacional do referido colaborador fosse até a portaria e o demitisse de sua área sumariamente por justa causa.

> No dia seguinte pela manhã, ao realizar a assembleia diária de avaliação do movimento grevista, o presidente do sindicato pediu para que o colaborador demitido subisse no carro de som, juntamente com a mulher e os dois filhos, todos de compleição magra. Eles estavam visivelmente preparados para representar o papel de uma família desamparada.
>
> O discurso do presidente do sindicato foi suficiente para reacender o ânimo e a euforia dos colaboradores. Com isso, a greve — que estava chegando ao final em razão do desânimo do pessoal — foi esticada por mais uns dez dias. Isso aumentou sobremaneira os impactos negativos para todos os envolvidos, e em especial para a empresa que, além de todo o prejuízo da paralisação, acabou fazendo concessões não planejadas em relação às reivindicações.

A estratégia da empresa de não negociar com a fábrica parada foi totalmente desarticulada com a ação intempestiva do gestor agredido na portaria da empresa. Isso demonstra fragilidade no plano de contingências da empresa e facilita a sustentação do movimento por parte das lideranças sindicais.

5) Esvaziamento

Nossa experiência indica que raríssimas são as greves que conseguem se sustentar e estender por muitos dias. O cansaço e a angústia dos colaboradores grevistas tendem a aumentar com o passar do tempo, especialmente quando não são percebidos avanços no processo de negociação ou quando as empresas se mantêm rígidas e intransigentes.

Dependendo das estratégias utilizadas durante a etapa anterior de sustentação, a empresa pode estimular o esvaziamento do movimento grevista e antecipar o encerramento.

Dentre as greves mais longas que eu, Heli, tive a oportunidade de vivenciar, encontra-se a de uma empresa do ABC

Paulista, na qual os metalúrgicos pararam 42 dias. Outra — que nós dois acompanhamos — foi numa empresa de cimentos no estado do Rio de Janeiro que durou cerca de 90 dias.

O esvaziamento começa a ser percebido quando os colaboradores — muitas vezes estimulados por ações de comunicação da empresa — começam a emitir sinais que indicam disposição para o retorno ao trabalho. Quando isso ocorre, basta a empresa aumentar os estímulos para o retorno ao trabalho e os resultados são imediatos.

Nessa fase, o líder operacional pode exercer um papel importante para o esvaziamento da greve. Ele deve manter contatos com os liderados, informando-os sobre os impactos negativos e as respectivas consequências do movimento grevista.

6) Encerramento

A exemplo da etapa de **deflagração**, a etapa de **encerramento** também pode ocorrer de duas formas.

A primeira é quando todos os empregados retornam ao trabalho de uma só vez. Normalmente acontece depois de uma assembleia de encerramento da greve. Já a segunda é quando o encerramento se dá de forma gradual, com os grevistas retornando aos poucos para o trabalho.

No encerramento de uma greve — e no respectivo retorno ao trabalho —, é muito comum que os empregados grevistas voltem com um sentimento de vitória, de ganho ou com um sentimento de derrota, de perda. Dificilmente uma greve termina em um clima de neutralidade ou de ganha-ganha. Esse fato impacta não somente o retorno em si, mas também futuros movimentos grevistas.

> *Numa greve que eu, Heli, vivenciei como gerente de recursos humanos numa grande empresa metalúrgica localizada no ABC Paulista, a duração foi de 20 dias.*
>
> *Foi uma greve de permanência dentro da empresa, em que os colaboradores do turno entravam nas dependências da empresa, mas não trabalhavam. Ficavam parados no pátio interno da fábrica.*
>
> *Como não tinham o que fazer, começaram a inventar jogos e passatempos — muitos deles com apostas em dinheiro. Em poucos dias, o pátio havia se tornado um local de verdadeira jogatina.*
>
> *A cada troca de turno o mesmo acontecia: o pessoal que saía da fábrica era sucedido pelo pessoal do turno seguinte, e a jogatina continuava — apesar de nossas tentativas de não permitir os jogos e apostas. Ao final da greve, muitos empregados estavam endividados, o que se agravou com a decisão da empresa de negociar o desconto dos dias de greve em 12 parcelas mensais.*
>
> *Já na primeira parcela o desconto recebeu o título de "carnê de greve". Somado às dívidas e ao descontrole financeiro de grande parcela dos colaboradores, o "carnê de greve" nunca foi esquecido pelos grevistas.*
>
> *A empresa, que anualmente tinha dificuldades em fechar as negociações coletivas, viveu muitos anos de tranquilidade e os acordos coletivos eram assinados rapidamente.*

7) Retorno à normalidade

Consideramos a etapa do **retorno à normalidade** como a mais importante de um movimento grevista.

Seja qual for o desfecho de uma greve — se favorável ou contrário às expectativas dos colaboradores e às pretensões do sindicato —, o encerramento não garante o retorno à normalidade do ambiente de trabalho. O eventual desgaste, agressões e conflitos durante um movimento grevista são praticamente impossíveis de serem controlados.

Os grevistas e os não grevistas, apesar de colegas ou até mesmo amigos, por se colocarem em posições opostas e divergentes, acabam trocando ofensas e, às vezes, até agressões físicas. Os colaboradores e seus líderes, quando não preparados e orientados, igualmente podem ter desentendimentos, ofensas e até mesmo agressões, muitas vezes irreconciliáveis. Todo esse ambiente, se não considerado e tratado estrategicamente, faz com que o retorno à normalidade seja retardado. Isso pode causar constrangimentos, desgastes e prejuízos para todos.

Compete à direção da empresa definir, de acordo com os padrões éticos e legais, quais as providências e ações serão empreendidas pelas áreas de recursos humanos, relações trabalhistas e sindicais, jurídica, gestores e líderes operacionais no retorno ao trabalho logo após o encerramento de uma greve e antes que os colaboradores, grevistas e não grevistas, reassumam os postos de trabalho. Essas ações têm como objetivo maior colocar um ponto-final no movimento grevista, considerado como um período de exceção à normalidade.

Movimentos grevistas motivados por fatores externos à empresa

Independentemente dos processos de negociação coletiva ou de problemas de gestão do ambiente de trabalho nas empresas, as greves podem ocorrer por fatores políticos, econômicos ou sociais.

Obviamente que uma empresa que contar com uma boa gestão do ambiente de trabalho estará menos vulnerável aos impactos dos fatores externos, como o caso relatado a seguir.

A Central Única dos Trabalhadores (CUT) foi fundada em 1983 na região do ABC Paulista durante o 1º Congresso Nacional da Classe Trabalhadora (CONCLAT). Algum tempo depois, ela decidiu por uma estratégia de crescimento, que incluía expandir suas atividades em diversas regiões industrializadas do país. Uma dessas regiões era Blumenau, Santa Catarina.

Para tal, foram enviados dezenas de trabalhadores metalúrgicos do ABC Paulista — os mais mobilizados na época — para a região de Blumenau, como apoio aos sindicatos locais. Essa estratégia de pressão com piquetes nas portarias das empresas e ameaças aos trabalhadores locais provocou uma série de greves na região — que levava em conta a surpresa e o despreparo das empresas. Porém uma indústria de porte médio — recém-desmembrada de uma empresa familiar maior — não foi impactada pelo movimento grevista que tomou conta da região.

Como, eu, Heli, estava assessorando uma empresa de um município próximo a Blumenau naquele momento, conseguimos um contato com o gerente de recursos humanos da referida indústria, curiosos que estávamos com o fato de estar conseguindo trabalhar normalmente quando grande parte da região estava em greve. Ele nos informou que os próprios colaboradores tomaram a iniciativa em dialogar com os líderes do movimento grevista, explicando que se encontravam muito satisfeitos com a nova gestão e com o tratamento recebido em termos de salários, condições de trabalho e perspectivas de crescimento profissional. Também expuseram que uma greve era totalmente inoportuna e poderia colocar tudo a perder. O gerente informou ainda que a convicção com que abordaram o assunto — suficiente para não serem atingidos pelo movimento grevista — era fruto do respeito e confiança dos colaboradores na empresa; condição que contou com a ajuda fundamental dos líderes operacionais.

> *Entretanto, o mesmo não ocorreu na região com um todo, pois o movimento de expansão da CUT conseguiu atingir grande parte da região e do próprio estado de Santa Catarina.*

O que temos observado é que, na maior parte das vezes, os fatores externos que impactam o ambiente de trabalho estão fora do controle das empresas. Os principais deles são: inflação alta, interesses políticos partidários, crises econômicas e mercados competitivos.

As empresas que, por intermédio de suas políticas e práticas — essas últimas conduzidas pelos líderes operacionais —, conseguirem manter o respeito e a confiança dos colaboradores terão mais chances de não serem impactadas por esses fatores externos. E, quando isso não for possível, terão seus efeitos reduzidos.

O ciclo de evolução das greves no Brasil

Há muitos anos acompanhamos e temos tido a oportunidade de vivenciar as diferentes características dos movimentos grevistas. Isso nos possibilitou desenvolver uma análise da evolução das greves no Brasil.

Para esse estudo, adotamos como foco duas variáveis:

1. A tônica do movimento grevista — se pacífica ou se agressiva — em função dos comportamentos dos grevistas.

2. A consciência ou a inconsciência dos trabalhadores sobre os reais objetivos, metas, impactos, riscos e resultados das greves.

Nossas reflexões sobre o ciclo de evolução das greves no Brasil tiveram início no último ciclo do governo militar — o do presidente João Figueiredo —, ocasião em que as pressões e proibições em relação aos movimentos sociais começaram a reduzir.

A classificação dos períodos considerados está relacionada aos diferentes governos:

- 1º período: 1979–1981 — João Figueiredo.
- 2º período: 1981–1985 — João Figueiredo.
- 3º período: 1985–1990 — José Sarney.
- 4º período: 1990–1995 — Fernando Collor e Itamar Franco.
- 5º período: 1995–2003 — Fernando Henrique Cardoso.
- 6º período: 2003–2016 — Luiz Inácio Lula da Silva e Dilma Rousseff.
- 7º período: 2016–2019 — Michel Temer.

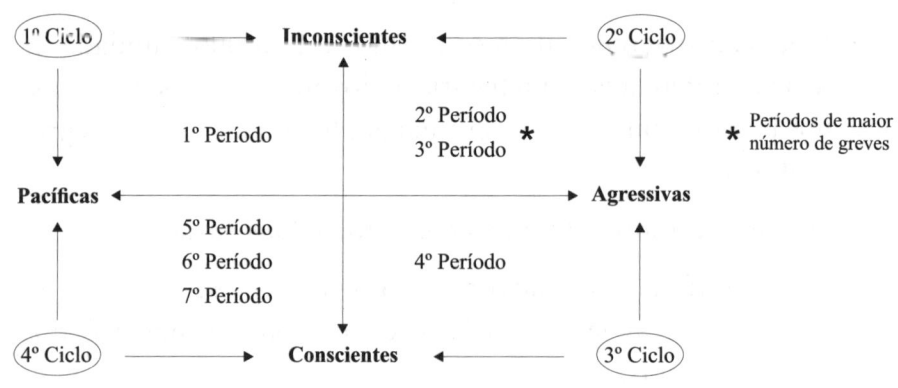

Figura 3 • Ciclo de greves no Brasil contemporâneo

Como se observa, a evolução das greves no Brasil — de acordo com os quatro ciclos — acompanhou a tendência de evolução do nível de conscientização política, econômica e social dos trabalhadores.

» 1º ciclo de greves — inconscientes e pacíficas

Trata-se de um ciclo que ocorreu ao final de um longo período de governo militar (21 anos). Esse foi um momento de muita opressão, durante o qual as manifestações públicas eram proibidas, as negociações coletivas praticamente deixaram de acontecer, e os processos das Convenções e Acordos Coletivos eram encaminhados via dissídios coletivos que resultavam em sentenças normativas da Justiça do Trabalho — artigos 856 e 875 da CLT.

As poucas greves durante esse ciclo decorreram do enfraquecimento do regime militar, que já apresentava os primeiros sinais de retorno à democracia.

A passividade dos movimentos grevistas é decorrente do medo da população — em especial dos trabalhadores. Eles não queriam correr o risco de perder o emprego e de serem incluídos nas "listas de *personae non gratae*" utilizadas pelas empresas nos processos seletivos para contratação de novos empregados.

» 2º ciclo de greves — inconscientes e agressivas

O segundo ciclo de greves ocorreu na metade final do último governo militar. Era um momento em que as manifestações públicas agressivas já não estão mais sendo contidas pela força policial. Este continuou durante o primeiro mandato de um governo civil pós-governo militar.

Nesse ciclo as manifestações públicas dos trabalhadores e as paralisações do trabalho eram conduzidas pelas mobilizações sindicais, igualmente agressivas, que se aproveitavam do nível de inconsciência dos trabalhadores. As pesquisas realizadas por entidades especializadas davam conta desse nível de inconsciência política, econômica e social dos trabalhadores. Elas apontavam que uma parcela considerável deles não tinha conhecimento sequer de por que estavam participando e de quais eram as reais reivindicações. Aqueles que conseguiam responder citavam apenas as frases de impacto das bandeiras de lutas sindicais, sem entender claramente seus significados.

Durante o governo José Sarney (de 1985 a 1990) ocorreu o maior número de greves da história do Brasil, em todas as regiões do país, comandadas pelo renascimento do movimento sindical. Nesse período, por ato do presidente da República, as Centrais Sindicais foram reconhecidas oficialmente como representantes dos trabalhadores, sem, entretanto, alterar a estrutura sindical, que vigora até os dias atuais. Essa estrutura conta com a Associação de Trabalhadores por categoria profissional, Sindicato de Trabalhadores (com jurisdição básica municipal), Federações de Trabalhadores (com jurisdição regional ou estadual) e Confederação dos Trabalhadores (com jurisdição nacional).

As Centrais Sindicais são, até os dias atuais, estruturadas em função de suas ideologias e formas de atuação, e não em razão da categoria profissional dos trabalhadores — como químicos, bancários, metalúrgicos e comerciários.

» 3º ciclo de greves — conscientes e agressivas

Nesse ciclo as greves continuaram com características de agressividade. No entanto, havia uma adesão mais consciente por parte dos trabalhadores em função de uma visão mais realista da situação e de suas necessidades e expectativas pessoais, profissionais e familiares.

Esse ciclo foi marcado pelo choque desastroso da economia que culminou com a destituição do presidente Fernando Collor. Esse fato teve impactos imediatos e contundentes sobre as relações trabalhistas e sindicais.

No final do governo anterior, os salários — que se encontravam totalmente desvalorizados em relação à hiperinflação — foram oficialmente congelados pelo Plano Collor. O mesmo governo que confiscou a poupança, impactando diretamente a vida de toda a população — em especial dos trabalhadores.

Devido a esse cenário, observamos um desenvolvimento da consciência coletiva dos trabalhadores, o que dificultava o enfrentamento e a solução dos conflitos coletivos do trabalho, mais agressivos nesse ciclo.

» 4º ciclo de greves — conscientes e pacíficas

Salvo exceções, desde o início, por volta de 1995, esse quarto ciclo de greves permanece até os dias de hoje.

O governo Fernando Henrique foi marcado por dois fatos relevantes de grande impacto nas relações trabalhistas e sindicais:

1. O controle da inflação e a criação e estabilização da nova moeda, o real, possibilitando recuperar o valor do salário e o poder de compra dos trabalhadores.

2. O incentivo ao programa de participação dos trabalhadores nos lucros e resultados das empresas — criado pelo próprio Fernando Henrique, quando ministro da Economia do governo Itamar Franco.

Esse ciclo marca também uma maior dificuldade quanto à solução dos conflitos coletivos do trabalho, devido a uma maior consciência coletiva dos trabalhadores. Esta foi facilitada pelo avanço tecnológico da comunicação, disponibilizando informações e conhecimento de forma mais ágil e mais abrangente.

Essa consciência coletiva dos trabalhadores, por sua vez, também impacta diretamente o papel e as responsabilidades dos líderes operacionais. Afinal, seus liderados são parte integrante do coletivo dos trabalhadores.

Exatamente nessa época tivemos oportunidade de assessorar uma empresa metalúrgica do ramo de embalagens, localizada na região do ABC Paulista. Como de costume, fomos contratados quando ela já se encontrava com a produção paralisada há dois dias.

Essa unidade industrial operava no regime de três turnos de revezamento, ou seja, o modelo 6x1 (seis dias de trabalho e um de folga). O turno iniciava às 22h do domingo e encerrava às 22h do sábado, e a folga era aos domingos.

A empresa não havia percebido e não conseguiu avaliar os sinais de descontentamento dos colaboradores com esse regime, especialmente quanto ao trabalho no segundo turno dos sábados (das 14h às 22h). O descontentamento se dava em razão de se ter que trabalhar no chamado "horário nobre" e em razão do pouco tempo para o descanso semanal, pois a equipe que deixava o trabalho no sábado às 22h entrava para o trabalho na segunda feira às 6h.

Cansados de reclamar internamente sem respostas efetivas de seus líderes operacionais, os trabalhadores estavam desiludidos com a liderança sindical — que não demonstrava interesse pela causa. Eles resolveram então "cruzar os braços" numa segunda-feira a partir das 6h, permanecendo todos eles no pátio em frente ao vestiário. Nos horários das trocas dos turnos, a equipe que se encontrava na fábrica saía e era substituída pela que entrava, caracterizando uma greve de "permanência".

Chegando à unidade industrial, nos reunimos com o comitê de gestão da fábrica para tomar ciência da situação. Como primeira alternativa para solução do movimento grevista, resolvemos conversar com os líderes operacionais. O objetivo da conversa era conscientizá-los, prepará-los e orientá-los para que cada um procurasse conversar com os liderados de forma a convencê-los a retornar ao trabalho. Também havia o compromisso de que, com a fábrica operando, o assunto seria tratado pela direção da unidade.

Para surpresa do comitê de gestão da unidade, nenhum líder operacional obteve êxito perante os liderados.

Partimos do pressuposto de que os líderes operacionais não eram conscientes do próprio papel e não estavam devidamente preparados e orientados. Assim, novamente nos reunimos com eles.

No dia seguinte, foi empreendida uma nova ação de comunicação dos líderes com os seus liderados. O resultado foi exatamente igual ao anterior. Nessa altura dos acontecimentos, a liderança sindical apareceu na portaria da fábrica, chamando os trabalhadores para uma assembleia, sem sucesso. O sindicato foi sumariamente ignorado pelos trabalhadores.

Os colaboradores simplesmente não aceitavam a ideia de retorno ao trabalho sem o compromisso efetivo de uma mudança no regime de trabalho. Com isso, o poder da empresa e do sindicato foi repassado automaticamente aos colaboradores, que assumiram o protagonismo da negociação visando a mudança do regime de trabalho.

A negociação se estendeu até a sexta-feira. Por fim, com o compromisso de uma mudança num prazo de três meses, os colaboradores retornaram ao trabalho na segunda-feira seguinte, alterando significativamente o modelo de gestão e liderança daquela unidade industrial.

O papel e as responsabilidades do líder operacional perante um movimento grevista

A observação crítica em centenas de conflitos coletivos do trabalho e movimentos grevistas que tivemos oportunidade de vivenciar nos permitiu enumerar um conjunto de posturas, comportamentos e atitudes requeridas dos líderes operacionais. Estas estão diretamente relacionadas à evolução do processo de negociação coletiva e às etapas do ciclo de vida de uma greve, considerando a possibilidade de ocorrência:

» Antes — etapas de agitação e mobilização

Nesta fase, você líder operacional, sob orientação superior e das áreas de recursos humanos e relações trabalhistas, deve ter como principais objetivos manter o ambiente de respeito e confiança e o monitoramento e a tranquilidade no ambiente de trabalho, adotando posturas, comportamentos e atitudes, como:

- Monitorar o ambiente interno ficando atento a qualquer tipo de desvio da normalidade, informação ou boato, transmitindo aos níveis superiores.
- Orientar a equipe para que procure conhecer os fatos e não se basear em boatos, agindo com responsabilidade.
- Dar especial atenção ao diálogo, criando e aproveitando todas as oportunidades de contato com os liderados.
- Continuar proporcionando boas condições de trabalho e bem-estar à equipe.
- Manter a equipe informada sobre o desenvolvimento das negociações da greve.

- Agir sempre de maneira coordenada, visando o interesse comum e as prioridades estabelecidas.

» **Durante — etapas de deflagração, sustentação e esvaziamento**

Nesta fase, sua preocupação, como líder operacional, deve estar voltada a:

- Preservar os princípios básicos de sua autoridade formal, do direito ao trabalho e do respeito às ideias, ainda que discordantes da sua.
- Registrar todos os fatos e ocorrências fora da normalidade.
- Não repassar informações sem consistência e segurança.
- Não responder de modo duvidoso, indeciso, vago ou hesitante, ou deixar a equipe sem respostas — se não souber ou não tiver certeza, pergunte.
- Não coagir e não ameaçar os membros da equipe.
- Não adotar atitudes radicais ou extremas.
- Não permitir que boatos circulem livremente, esclarecendo de imediato a realidade dos fatos.
- Não se afastar da equipe e da área por períodos prolongados, se mantendo disponível e receptivo.

» **Depois — etapas de encerramento e retorno à normalidade**

Durante um processo de negociação ou de um movimento grevista, é inevitável que ocorram desentendimentos por conta de pontos de vista distintos ou de diferenças de interesses. Compete a você, como líder operacional, antecipar o retorno à normalidade no ambiente de trabalho.

Para tanto, nesta fase, as prioridades devem estar voltadas a:

- Evitar conflitos entre os colaboradores da equipe.
- Reconhecer e agradecer às atitudes dos colaboradores que agiram conforme os princípios éticos e morais da empresa.
- Divulgar e esclarecer as dúvidas sobre os resultados das negociações ou do movimento grevista.
- Consolidar os dados de ocorrências, avaliando-os com os superiores, procurando identificar erros, acertos e prejuízos, corrigindo-os o quanto for possível.
- Não assumir ou declarar vitória ou derrota em relação ao processo de negociação ou ao movimento grevista, não coagindo ou ameaçando os liderados.

A força do líder operacional a serviço dos processos de negociação coletiva e da solução de movimentos grevistas

A força do líder operacional — abordada no Capítulo 3 — visando a manutenção de um ambiente de trabalho saudável, harmônico e produtivo se estende aos processos de negociação coletiva e aos conflitos coletivos, às mobilizações ou aos movimentos grevistas deles decorrentes.

Nessas condições, os comportamentos e as atitudes dos colaboradores que se posicionam contra são tipicamente mais agressivas — tanto em relação à empresa quanto em relação aos colegas que eventualmente estejam a favor. Os comportamentos e as atitudes dos que são contra são normalmente direcionados aos colegas indecisos no sentido de influenciá-los a ponto de aderirem às mobilizações, independentemente de serem promovidas ou comandadas pelos sindicatos.

Quando isso ocorre, uma excelente oportunidade se apresenta para você, líder operacional. Ela permite que você atue como contraponto às mobilizações e aos movimentos grevistas que porventura se utilizem de meios antidemocráticos e antiéticos de persuasão dos liderados.

Nessas situações de anormalidade, quando se perde o controle, um ambiente de trabalho saudável, harmônico e produtivo — construído com muito esforço ao longo do tempo — corre o risco de ser desconstruído rapidamente, e sua restauração será certamente mais complexa e demorada. O respeito, a confiança e a credibilidade que você, líder operacional, conseguir adquirir perante seus liderados no cotidiano das relações no trabalho será fundamental para prevenir e — quando isso não for possível — reduzir os impactos de situações conflituosas, como mobilizações e greves.

Este último capítulo encerra, mas não esgota, o conjunto de ferramentas, informações e dicas para a gestão do ambiente de trabalho.

CONCLUSÃO

Esta obra teve o objetivo de disponibilizar o "mapa da mina", ou seja, um conjunto de comportamentos assertivos, atributos e ações necessárias para alcançar os objetivos básicos da boa liderança. Dentre eles, destacam-se a entrega de resultados planejados, a melhoria processos de forma contínua e a promoção do trabalho em harmonia. Assim, pode-se conquistar um **ambiente de trabalho saudável, harmônico e produtivo** e ser reconhecido por isso. Veja a seguir o quadro resumo dos comportamentos, atributos e atitudes fundamentais que discutimos ao longo do livro para você ser um ótimo líder operacional.

Figura 1 • Líder

- *Assumir, decidir e comunicar.*
- *Conquistar o respeito e a confiança da equipe.*
- *Engajar a equipe com os valores e metas da empresa.*
- *Liderar em tempos de mudança.*
- *Adotar visão e pensamentos estratégicos.*
- *Saber ouvir.*
- *Prevenir e corrigir conflitos individuais e coletivos.*
- *Controlar o ambiente de trabalho.*
- *Demitir pessoas com dignidade e respeito.*
- *Prevenir a prática de assédio moral.*
- *Prevenir e reduzir passivos trabalhistas e sociais.*
- *Manter autoridade moral perante a equipe.*
- *Entender os desejos e as expectativas dos liderados.*
- *Conquistar a representatividade da equipe.*
- *Fazer acontecer e mobilizar a equipe.*
- *Praticar a liderança eficaz participativa.*
- *Dar e receber feedback individual e coletivo.*
- *Atender às queixas e reclamações.*
- *Combinar objetivos, meios, processos e estilos de comunicação.*
- *Entender e respeitar a atuação de lideranças sindicais.*
- *Lidar com lideranças sindicais internas e externas.*
- *Apoiar os processos de negociação coletiva.*
- *Desmistificar os processos de negociação coletiva.*
- *Apoiar a desmobilização de conflitos coletivos.*

■ **Esta obra representa um legado aos gestores, líderes operacionais e profissionais das áreas de recursos humanos, relações trabalhistas e sindicais e jurídica**

No *réveillon* de 2011 — ano em que a HGM Consultores completou Bodas de Prata —, após um dia ensolarado na praia, em uma conversa descontraída, trocávamos ideias sobre os 25 anos de consultoria. Sem muito esforço, fomos nos lembrando das inúmeras experiências, muitas delas relacionadas a situações e mudanças de alta complexidade e impacto nos negócios de nossos clientes, e sobre o quanto havíamos contribuído para o desenvolvimento dos profissionais envolvidos e para a melhoria dos ambientes de trabalho das empresas. Esse momento foi marcado pela insistência do Heli Júnior para que nós registrássemos e compartilhássemos a experiência acumulada.

Com a pandemia e aproveitando a oportunidade proporcionada pela mudança radical da logística da nossa prestação de serviços de consultoria junto aos clientes — da forma presencial até a distância —, havia chegado a hora de escrevermos este livro. O objetivo foi o oferecer um legado aos profissionais responsáveis pela gestão de pessoas das empresas, e em especial aos líderes operacionais, principais agentes e zeladores de um ambiente de trabalho saudável, harmônico e produtivo.

Esse legado, obviamente, tem como principal meta agregar valor a você, líder operacional, para o pleno exercício da função de liderança de equipe, predispondo e incentivando-o a uma profunda reflexão sobre seus comportamentos e atitudes. Igualmente tem o objetivo de agregar valor aos profissionais responsáveis das áreas de recursos humanos, relações trabalhistas e sindicais, jurídica e aos gestores das áreas operacionais.

Desde o início de nossas carreiras, a convivência íntima e intensa que tivemos com o trabalho e com as pessoas que dele fizeram ou fazem parte nos faz crer que o futuro deste mundo maravilhoso nunca esteve tão próximo e tão presente. Durante décadas aprendemos a observar e entender o comportamento das pessoas no cotidiano das relações no trabalho.

Hoje enxergamos o desenvolvimento de uma consciência coletiva e contagiante, tanto das empresas em relação à preocupação para com a saúde e qualidade de vida dos colaboradores, quanto destes para com a competitividade das empresas, incluindo as lideranças dos sindicatos laborais — ainda que de forma incipiente.

Até poucos anos atrás, uma pequena parcela dos colaboradores exercia atividades a distância, de forma remota. O cenário vem se modificando rapidamente, e uma quantidade expressiva migrará para esse modelo, mas não a ponto de impactar a maioria deles. A situação requer, dos dirigentes e gestores empresariais — em especial das áreas de recursos humanos e relações trabalhistas e sindicais —, novos modelos, formas e ferramentas de gestão de pessoas, considerando três situações:

1. Trabalho prestado de forma exclusivamente presencial.
2. Trabalho misto — prestado a distância e de forma presencial.
3. Trabalho prestado de forma exclusivamente a distância.

As características próprias de cada uma dessas situações determinarão os ajustes necessários em função dos seus impactos sobre:

- A estrutura hierárquica e funcional, como: níveis hierárquicos, composição das equipes, papéis, responsabilidades, delegações e autonomias.

- A organização do trabalho, como: regimes de trabalho, escalas, jornadas, horários de trabalho e descanso, folgas etc.

- As condições de trabalho, como: máquinas, equipamentos, ergonomia, segurança etc.

- Os serviços ao pessoal, como: transporte, alimentação, assistência médica, dentária e psicológica.

- As comunicações, como: de rotina, ascendentes, descendentes, emergenciais, escritas, verbais, audiovisuais e eletrônicas.

- As políticas e práticas de recursos humanos, como: seleção, contratação, salários, premiações, carreiras, punições e demissões.

- As relações sindicais, como: negociações coletivas e solução de conflitos.

- O cumprimento da legislação trabalhista, como: controles, isonomias e fiscalizações.

Essa complexidade de cenários e as consequentes alterações nos modelos, nas formas e nas ferramentas de gestão, irão impactar diretamente os papéis e as responsabilidades dos líderes operacionais. O desafio e a oportunidade serão acompanhar a evolução e, ao mesmo tempo, aprender a remar contra a correnteza. As empresas terão que ser, simultaneamente, eficientes e eficazes na gestão das pessoas, dos recursos disponíveis e dos novos métodos de trabalho.

O engajamento dos colaboradores, hoje necessário, será absolutamente imprescindível para a continuidade dos negócios e para a manutenção do emprego — este último, até onde for possível. Adicionalmente, diante das incertezas desse novo mundo do trabalho, o acolhimento aos colaboradores deverá preceder o seu engajamento. A força do líder operacional será a alavanca para isso e o caminho para sensibilizar a empresa sobre a realidade de sua força de trabalho, suas necessidades, expectativas e angústias.

Temos a convicção de que cada uma das ferramentas de gestão de pessoas apresentada nos capítulos são perenes e cada vez mais necessárias a você, líder operacional, para conquistar e manter o respeito e a confiança da equipe. Assim, você obterá um ambiente de trabalho saudável, harmônico e produtivo, garantindo-lhe uma trajetória de sucesso profissional.

Compete a você, líder operacional, adotar comportamentos e atitudes assertivas:

- Adquirindo **conhecimentos** sobre o cenário, o ambiente de trabalho e os colaboradores — se faltarem informações, pergunte, pesquise e corra atrás.

- Desenvolvendo **habilidades** para comunicar, gerenciar e negociar — se não conseguir, peça ajuda, pois não existe muito espaço para erros na liderança de pessoas.

- Adotando **atitudes** para trabalhar sob pressão, fazer acontecer e manter o ambiente de trabalho saudável, harmônico e produtivo — se faltarem competência e coragem, arrisque, pois nunca existirá 100% de condições ideais.

Agora cabe a você se apossar e fazer bom uso dessas informações e dicas disponibilizadas no conteúdo do livro.

Como complemento e parte integrante da gestão do ambiente de trabalho, cabe às áreas de recursos humanos, de relações trabalhistas e sindicais, jurídicas e aos gestores operacionais a tarefa de redefinir e readequar os papéis, as responsabilidades e as correspondentes autonomias dos líderes operacionais. Isso será feito fornecendo-lhes as condições e ferramentas necessárias, como: capacitação, orientação, apoio técnico e administrativo, informações privilegiadas e estratégias de comunicação.

Boa sorte e sucesso a todos!

ÍNDICE

Símbolos

1º Congresso Nacional da Classe Trabalhadora (CONCLAT) 266

A

aceitação 117
acordos coletivos 215, 218–242
ambiente de trabalho
  aspectos disciplinares 63
  críticas ao 50
  estágios de evolução 47–49
  gestão do 107
  relações interpessoais 111
assédio moral 69, 87
assédio sexual 70
atitudes 284
autoavaliação do líder 129
autogestão 104–107

B

barganha 119
benefícios 38, 247
boas práticas de gestão 20
bom senso 65
brigas entre colegas 46

C

capital-trabalho, relações 37
Central Única dos Trabalhadores 266
colaboradores
  atitudes dos 120
  comportamentos dos 120
  e liderança 54
  percepções dos 52
  perfis de 161–162
Comissão de Negociação do Plano de Participação nos Lucros ou Resultados 177
Comissão Interna de Prevenções de Acidentes (CIPA) 176
competência 94–95
comportamentos
  assertivos 34–35
comportamentos
  negativistas 93
comunicação 40–43, 54, 107
  ascendente 147
  bilateral 43, 152
  checar 153
  componentes básicos 134–164
  de rotina 145–146
  descendente 146
  em situações de crise 148–149
  escutar 109
  estruturada 158
  explicar 153
  feedback 111–112
  metodologia 153
  motivar 153
  objetivar 153
  pontos básicos 159
  Processo de Comunicação Estruturada 158–164
  unilateral 43, 152
condições de trabalho 53

confiança 36–37
  na empresa 89
  no trabalho 48–49
  relações de 180
conflitos 55–56
  individuais 60
conhecimentos 284
conhecimento técnico 81
Consolidação das Leis do Trabalho (CLT) 169–171
contrato de experiência 210
contrato de trabalho formal 80
contrato de trabalho intermitente 211–212
contrato interpessoal de trabalho 79–80
  desequilíbrios 82
contrato psicológico 80
convenções coletivas 218–242
Covid-19 74–75
crescimento profissional
  oportunidades de 87
crise no ambiente de trabalho 149

D

demissão 67, 100
  etapas da 67–68
desrespeito 86–87
dever cumprido, sentimento de 48–49
diálogo 30–31
  ações para implementar o 32
disposição 81
dissídio coletivo 222–223

E

empresa
  responsabilidades da 35
engajamento
  atribuições do líder 76
  dos colaboradores 74–75

pré-requisitos 75
equipe
  de alta performance 49
  mobilização da 42–43

F

fato-conceito, relação 41
feedback 111–112
  analisar 126
  assumir 126
  coletivo 121
  decidir 127
  eficácia do 112
  linguagem do 112
  oportunidade para fornecer 112
  ouvir 124
  reações ao 116
  registrar 125
  responder 128
  reuniões de 121
  sucesso do 122
  tipos de 115
  transparência no 114
Fernando Collor, governo 271
Fernando Henrique Cardoso, governo 271
franqueza 81

G

gestão
  do ambiente de trabalho 103
  ferramentas de 95
  participativa 105–107
grandes desejos coletivos 203
greves 59
  1º ciclo de 269
  2º ciclo de 269
  3º ciclo de 270
  4º ciclo de 271
  agitação 253
  ciclo de vida da 251

conscientes e agressivas 270
conscientes e pacíficas 271
definição 59
deflagração 255
direito a 249
encerramento 263
esvaziamento 262
etapas 252
evolução das 267
fatores externos à empresa 265
habitat natural 59
inconscientes e agressivas 269
inconscientes e pacíficas 269
legislação 249
mobilização 254
no Brasil 267
papel do líder 274
retorno à normalidade 264
sustentação 257-258
grupos sociais 207

H

habilidades 284
heterogestão 104-107
honestidade 81

I

incentivo 95
inconsciente coletivo 200
indiferença 117
indisciplina 66-67
influência
 fatores de 42-43
informações
 transmissão de 40-41
insatisfações individuais dos trabalhadores 203
intuição 65-67
irritação 117

J

Jack Welch 77
José Sarney, governo 169, 174-175, 197-198, 270
Justiça do Trabalho 68

K

Kepner Tregoe (KT), metodologia 60

L

legislação trabalhista 55
 reforma da 170
liberdade de manifestação 105-107
liderança
 atributos 35
 características essenciais 37
liderança autoritária 104-107
Liderança Eficaz Participativa, modelo de
 case 28
 papéis 31
líderes operacionais
 ações eficazes 34-35
 atitudes 191
 autoavaliação 129
 capacitação 241
 características 188
 comportamentos 191
 definição 20
 direcionadores 193
 empoderamento dos 84
 e negociação coletiva 219
 e sindicatos laborais 182
 estilos 103
 farol dos 52-71
 formação 188
 habilidades 192
 limitadores 193-194
 missão 190

nomeação 189
responsabilidades 190
líderes sindicais 188
　atitudes 191
　comportamentos 191
　direcionadores 193
　formação 188
　habilidades 192
　limitadores 193-194
　missão 190
　nomeação 189
　responsabilidades 190
Luiz Inácio Lula da Silva,
　governo 169, 174

M

mágoa 117
mediocridade no trabalho 47-49
medo no trabalho 48-49
metas setoriais 30, 94
Michel Temer, governo 170
motivações 47
movimento sindical brasileiro
　confiança dos colaboradores 180
　e reforma trabalhista 209-210
　fontes de poder 179
　importância 175
　mobilização 203
　modelo 169-171
　peculiaridades 174

N

NASA 60
negação 117
　mecanismo de 118
negociações coletivas 55
　consequências 225
　desmistificação 231
　e poder empresarial 228
　estratégias 235
　estratégias sindicais 227

etapas básicas 221
papel do líder operacional 219
procedimentos 237
novidades no contrato
　trabalhista 211

O

omissões 58-59
ordens emanadas 104-107
Organização Internacional do Trabalho (OIT) 103

P

paz no trabalho 39
peleguismo 174
Plano Collor 271
plano de ação 95
políticas de recursos humanos 75
políticas e práticas de RH 55
pragmatismo 174
programa de treinamento 242
protestos 60

Q

queixas no trabalho 124

R

radicalismo 174
reclamações 60
reclamações dos liderados 124
recompensas no trabalho 48-49
reforma da legislação
　trabalhista 209-210
regras de funcionamento 104-107
reivindicações 105-107
relações interpessoais 111
relações sindicais 55
representação legal 103
representatividade 175
reputação 40-41

respeito no trabalho 48–49
reuniões eficazes 121

S

salários 247
serviços ao pessoal 54
sindicalização 170–171, 197–198
sindicatos laborais 169
  e líderes operacionais 182
sucesso da empresa 38

T

tomada de decisão 62
trabalhadores
  e empregadores 90–98
  expectativas dos 38
  prioridades 84–98
transparência 81
turnover 100

V

valores da empresa 71
vestuário 70
violência moral 69

Projetos corporativos e edições personalizadas dentro da sua estratégia de negócio. Já pensou nisso?

Coordenação de Eventos
Viviane Paiva
viviane@altabooks.com.br

Contato Comercial
vendas.corporativas@altabooks.com.br

A Alta Books tem criado experiências incríveis no meio corporativo. Com a crescente implementação da educação corporativa nas empresas, o livro entra como uma importante fonte de conhecimento. Com atendimento personalizado, conseguimos identificar as principais necessidades, e criar uma seleção de livros que podem ser utilizados de diversas maneiras, como por exemplo, para fortalecer relacionamento com suas equipes/ seus clientes. Você já utilizou o livro para alguma ação estratégica na sua empresa?

Entre em contato com nosso time para entender melhor as possibilidades de personalização e incentivo ao desenvolvimento pessoal e profissional.

PUBLIQUE **SEU LIVRO**

Publique seu livro com a Alta Books. Para mais informações envie um e-mail para: autoria@altabooks.com.br

/altabooks   /alta-books   /altabooks   /altabooks

CONHEÇA OUTROS LIVROS DA **ALTA BOOKS**

Todas as imagens são meramente ilustrativas.

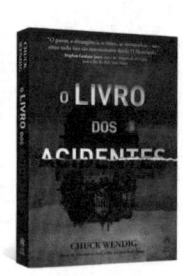